RICARDO LEMOS

O VENDEDOR INTELIGENTE

5 estratégias
para aumentar
resultados,
vender mais e
conquistar clientes

Gerente Editorial
Marília Chaves

Assistente Editorial Carolina
Pereira da Rocha

Produtora Editorial
Rosângela de Araujo Pinheiro Barbosa

Controle de Produção
Fábio Esteves

Preparação de Texto Geisa
Mathias de Oliveira

Projeto Gráfico
Lira Editorial

Diagramação
Lira Editorial

Revisão
Vero Verbo Serviços Editoriais

Capa
Sérgio Rossi

Imagem da capa
Sérgio Rossi

Impressão
Gráfica Assahi

Copyright © 2014 by Ricardo Lemos Todos os direitos reservados à Editora Gente.
Rua Pedro Soares de Almeida, 114 São Paulo, SP – CEP 05029-030
Tel: (11) 3670-2500
Site: http://www.editoragente.com.br
E-mail: gente@editoragente.com.br

Dados Internacionais de Catalogação na Publicação (CIP)
(Câmara Brasileira do Livro, SP, Brasil)

Lemos, Ricardo
O vendedor inteligente: cinco estratégias para aumentar resultados, vender mais e conquistar clientes/Ricardo Lemos. – São Paulo: Editora Gente, 2014.

ISBN: 978-85-7312-974-8

1. Vendas 2. Vendedores 3. Sucesso em negócios
I. Título.

14-06281   CDD-658.85

Índices para catálogo sistemático:
1. Vendas e vendedores: Sucesso:
Administração 658.85

Dedico esta obra à minha amada e querida esposa, principalmente por sua paciência, sua compreensão e seu companheirismo. Aos meus pais e aos meus irmãos, que sempre estiveram presentes com palavras de apoio. E à minha filha, fonte de motivação e equilíbrio.

Dedico também a todos os meus clientes, alunos e participantes de treinamentos, workshops e palestras que me proporcionaram maravilhosas vivências, que geraram experiências que contribuíram para o roteiro deste livro.

Agradecimentos

Agradeço a todos os meus alunos que opinaram e sugeriram temas para este livro. E a todos os profissionais de vendas que doaram alguns de seus minutos para responder às minhas pesquisas.

Meu agradecimento especial ao amigo, irmão do coração, parceiro de trabalho e assessor editorial, Gilberto Cabeggi.

E a duas pessoas que foram importantes nesta nova missão e contribuíram para a realização desta obra, Rosely Boschini e Roberto Shinyashiki, que me ensinaram que um livro não é um "cartão de visitas" e, sim, "uma declaração de vida".

Agradeço a todas as pessoas que me motivaram a continuar a escrever quando perguntavam: "E aí, Ricardo, como está o livro? Quando será o lançamento?".

Agradeço a Deus por minha força de vontade, minha saúde e meu discernimento.

Sumário

Introdução 11
Vendas: com melhores resultados, vivemos melhor!

1. Muito trabalho e desgaste, e pouco resultado 15
   - ✓ *Profissionais de vendas excepcionais sempre praticam o que aprendem*
   - ✓ *Faça todo o seu empenho valer a pena*
   - ✓ *Desorganização e mau uso do tempo*
   - ✓ *Comportamentos que atrapalham os relacionamentos*
   - ✓ *Impacto dos negócios em suas finanças pessoais*
   - ✓ *Repercussões negativas na saúde*

2. Acontece com todo mundo, mas não é normal! 27
   - ✓ *Por que nossos resultados nem sempre são os desejados?*
   - ✓ *O maior obstáculo contra suas vendas pode ser você*
   - ✓ *Mitos que podem limitar seus resultados*
   - ✓ *Síndromes que afetam seus resultados*
   - ✓ *De que adianta lutar contra aquilo que não muda?*
   - ✓ *Influências externas*
   - ✓ *Reações emocionais*
   - ✓ *Dificuldades com o planejamento*
   - ✓ *Argumentação ineficiente*

6 O vendedor inteligente

✓ *Imediatismo e ansiedade na venda*

✓ *Comprometimento financeiro*

3. **Fundamentos para vender mais, desgastando-se menos** 55

✓ *Consciência e percepção das mudanças*

✓ *Toda ação implica uma reação*

✓ *A importância de ter um método para resolver problemas*

✓ *Cinco estratégias inteligentes para você vender mais*

4. **Estratégia 1: adaptar-se ao que não muda** 65

✓ *Separe as pessoas dos problemas*

✓ *Seja dono das suas emoções*

✓ *Pratique a compensação do pensamento negativo*

✓ *Use mais maneiras inteligentes para lidar com seus clientes*

5. **Estratégia 2: lidar com situações de pressão** 83

✓ *Identifique quando a situação está tensa além da conta*

✓ *Saia do meio da tempestade*

✓ *Reaja com objetividade e foco*

6. **Estratégia 3: rever e planejar seu trabalho com frequência** 89

✓ *Use seu tempo com inteligência*

✓ *Tenha uma visão sistêmica em vendas*

✓ *Identifique o inimigo, prepare as armas, mire no alvo e atire*

7. **Estratégia 4: transformar repetição de falhas em novos atalhos** 121

✓ *Desapegue-se de derrotas, falhas e sucessos passados*

✓ *Livre-se dos mitos e das síndromes do mundo dos negócios*

✓ *Reveja os critérios de suas escolhas*

✓ *Reescreva a história quando ela se voltar contra você*

8. **Estratégia 5: treinar para transformar o que é difícil em fácil.** 127
   - ✓ *Pratique para facilitar o que você acha que é difícil*
   - ✓ *Aprimore a comunicação, a persuasão e o poder de argumentação*
   - ✓ *Treinar, sim. Mas, o quê?*

9. **O mundo é seu limite.** 147
   - ✓ *Sucesso*
   - ✓ *A teoria vem da prática*
   - ✓ *O que mais você ganha com isso?*

10. **Onde eu assino?** 155
   - ✓ *As proporções 5% e 95%*

Você...

- Sabe que poderia vender mais, ser mais produtivo e gerar melhores resultados, mas é consumido pela rotina.
- Está cansado de se empenhar muito e não colher o que esperava ou o que acha justo.
- Não tem tempo para si, sua família e seus amigos, pois o trabalho parece consumir toda a sua vida.
- Já pensou em desistir e, às vezes, pensa ser a origem do problema.
- Não tem tempo para o lazer e não sorri mais como antigamente, porque está exausto de tanto trabalhar, sem os resultados desejados.
- Faz praticamente as mesmas coisas há anos, apesar de saber que elas não funcionam tão bem como deveriam.
- Percebe que está difícil aumentar sua renda.
- Incomoda-se muito com seus clientes, colegas de trabalho e superiores.
- Quer fazer alguma coisa para evoluir, mas se sente de mãos amarradas e não tem ideia de por onde começar.

Caso se encontre em um ou mais dos estados citados, este livro é para você!

Então, faço uma pergunta essencial para prosseguirmos: você quer simplificar seus métodos, melhorar seus resultados, ser mais feliz e viver melhor, a partir de seu trabalho com vendas?

Como você está com este livro nas mãos, é bastante lógico pensar que sua resposta seja: "Sim, eu quero!" Seja você vendedor, gerente, supervisor, empresário, advogado, arquiteto, odontologista, comerciante, profissional liberal, consultor de vendas, atendente, pesquisador, seja não importa o quê... *Você é um vendedor.*

Na verdade, todos somos vendedores. No mínimo, todos precisamos vender nossas ideias. E, invariavelmente, terá mais sucesso aquele que souber vender melhor. Assim, aproveite o conteúdo das páginas a seguir e dê um passo importante para o aprimoramento de sua carreira.

Introdução

VENDAS: COM MELHORES RESULTADOS VIVEMOS MELHOR!

Acredito que, ao escolhermos nosso caminho ou nossa carreira, fazemos isso impulsionados pela promessa de que, com essa decisão, alcançaremos nossos sonhos. E os sonhos, para que se tornem realidade, exigem grande esforço pessoal. Entretanto, ao longo de minha experiência, com meus erros e acertos, descobri um caminho que me colocou muito mais próximo daquilo que buscava. E vou compartilhar esse conhecimento com você.

Quando olho para trás, fico perplexo ao ver que consegui chegar até aqui! Parece incrível que, mesmo com tantas falhas, ainda assim, venci. No entanto, gastei muito tempo em vão, abri mão de muitas coisas importantes em minha vida, cometi erros e passei por dificuldades financeiras.

É claro que não precisava ter sido assim. Poderia ter chegado até aqui de forma muito mais fácil e sem tanto sacrifício.

Se, há vinte anos, houvesse alguém para me ensinar o caminho das pedras, ou um livro que me desse alguma noção da direção a seguir, e eu tivesse dado a devida importância a isso e colocado tudo em prática, minha carreira teria evoluído ainda mais. Além disso, o preço pago e o desgaste sofrido teriam sido bem menores.

Depois de passar por tantos desafios, altos e baixos, experiências de sucesso e fracasso, no mundo dos negócios, descobri muitos atalhos e muitas facilidades. Hoje, pretendo transmitir a você essas estratégias e essas atitudes, que facilitarão seu dia a dia em vendas.

Atualmente, as negociações são mais fáceis e claras para mim, e também se tornarão assim para você. Faço questão de dividir meus aprendizados. Afinal, se tenho um remédio que proporciona alívio, por que não o oferecer a quem quiser eliminar suas dores e suas doenças?

Você quer ter melhores resultados em suas vendas, sem ter de trabalhar mais para isso? Ou, melhor ainda, quer ter mais resultados com menos desgaste e incômodo?

É claro que sim, não é? Afinal, é bem provável que a maioria das pessoas que você conhece também queira isso, independentemente de trabalhar diretamente, ou não, com vendas. Temos de conquistar as pessoas para que confiem em nosso trabalho. E, quando falamos especificamente sobre vendas, é fundamental desenvolver um método, um jeito de trabalhar, capaz de ir além do impulsionar os resultados, e que traga com isso melhora significativa em todos os aspectos em sua vida e na de seu cliente.

O objetivo deste livro é ensinar um método inteligente, que vai colaborar para que você melhore seus resultados e atinja seus objetivos, sem que, para isso, tenha de se desgastar e se matar de tanto trabalhar. Vender mais, ganhar mais e, como consequência, ter mais tempo e dinheiro para viver cada vez com mais conforto, dedicando-se àquelas coisas que gosta de fazer, inclusive as que vem adiando há anos.

Vou auxiliar você a aplicar algumas técnicas de vendas de maneira bastante direcionada e a se comportar com mais segurança e equilíbrio emocional, especialmente em situações desagradáveis de seu dia a dia de trabalho. Você vai superar suas metas!

Você pode ser um profissional de vendas, há muitos anos. Pode ser um curioso sobre o tema ou apenas ter sede de conhecimento.

Talvez queira fazer da atividade de vendas sua escada para conquistar novos sonhos ou até para melhorar sua carreira profissional.

Neste livro, estão reunidas minhas experiências de mais de vinte anos com clientes, alunos, amigos, além de treinamentos e palestras que ministrei. Juntei também anos de estudo, pesquisas e "tentativas e erros". Adicionei os conhecimentos práticos de autores renomados, nacionais e internacionais, para que você tenha pronto, em suas mãos, um método que lhe traga mais sucesso e torne seus processos de vendas ainda mais inteligentes.

Agora, neste exato momento, começa a revolução que você pode fazer em sua vida. É quando se inicia sua jornada, rumo a se tornar um dos profissionais de vendas mais bem-sucedidos que já imaginou ser.

Você vai aprender um método para fazer render seu trabalho e, por consequência, sua conta bancária.

O método da venda inteligente fornece técnicas e estímulos para você realizar mais com menos e multiplicar seus resultados. E viver melhor cada momento de sua vida.

Você quer simplificar seus métodos e melhorar os resultados de suas vendas?

Ótimo! É para você que esta obra foi escrita.

Veja como você pode aproveitar melhor o conteúdo deste livro

Cada vez que tiver uma ideia ou encontrar algo durante a leitura que poderá colaborar com a melhoria de seus negócios, anote em um caderno ou, se preferir, faça o download do formulário que se encontra no site: http://www.ricardolemos.com/livro, usando-o para suas anotações.

No final do exemplar, há uma tabela facilitadora. Veja os exemplos:

14 O vendedor inteligente

> ➡ O que devo **continuar a fazer** em meu dia a dia de trabalho.
>
> *Exemplo: colocar em prática aquilo que aprendo.*
>
> ⊘ O que devo **parar de fazer** em meu dia a dia de trabalho.
>
> *Exemplo: investir muito empenho e esforço para eliminar coisas que não colaboram para aumentar meus resultados.*
>
> ◷ O que devo **começar a fazer** em meu dia a dia de trabalho.
>
> *Exemplo: pensar duas vezes antes de agir.*
>
> ♀ Ideias interessantes, que poderão ser colocadas **em prática.**
>
> *Exemplo: passar a fazer um plano diário de meu trabalho.*

À medida que você for lendo e aprendendo, junte informações, dicas, reflexões, técnicas, exemplos, entre outros, e coloque-os em prática. Você transformará tudo isso em resultados positivos em suas vendas e em seus negócios.

1. Muito trabalho e desgaste, e pouco resultado

Todo empenho tem de valer a pena
e gerar resultado positivo.

PROFISSIONAIS DE VENDAS EXCEPCIONAIS SEMPRE PRATICAM O QUE APRENDEM

A maior falha do ser humano é fechar os olhos para o novo. E o novo pode acontecer até nas coisas que estamos acostumados a ver no dia a dia. Só precisamos abrir os olhos para compreender de verdade o que está mudando e como isso está ocorrendo.

É frequente ouvirmos profissionais de vendas, após um treinamento, uma palestra, um seminário ou qualquer outro evento relacionado com capacitação, falando algo como: "não ouvi nada de novo"; "ele disse o óbvio"; "nenhuma novidade"; ou "eu já sabia de tudo isso o que ele falou". Tenho certeza de que você já presenciou algo assim ou teve algum desses pensamentos.

O problema é que, ao fazer isso, essas pessoas usam o filtro errado em relação ao que acabaram de ouvir ou ler. No lugar do filtro "eu já sabia...", deveriam usar "eu pratico ou não pratico o que acabei de ouvir?" ou "onde posso aplicar o que acabei de aprender?" – afinal, existe uma distância abissal entre saber algo e praticá-lo. E é só praticando que se consegue colher resultados melhores.

Conhecimento sem uso ou prática é algo tão inútil quanto gelo ensacado na Antártida. Conhecimento, para gerar valor, tem de ser aplicado na busca por resultados. E em vendas, mais do que em qualquer outra profissão, essa é uma verdade absoluta.

Você pode saber muito sobre vendas, mas se não colocar sempre tudo em prática não irá muito longe.

Se você não é o melhor entre todos, é porque talvez não tenha o conhecimento, o equilíbrio e a preparação adequados, ou lhe falte um pouco mais de ousadia e coragem para implementar o que sabe, assumindo os riscos de fazer o que tem de ser feito. Não dá para ficar preso às técnicas que todos já conhecem, é preciso praticar todas as possibilidades de venda que vier a aprender.

A grande diferença entre as pessoas com resultados medíocres e as que realmente se destacam no que fazem é que estas praticam constantemente o que sabem ou aprendem.

Pessoas de sucesso fazem o que sabem que devem fazer. Fazem muito. E fazem mais... Praticam, praticam e praticam. Têm uma atitude de realizar aquilo que aprenderam. E sempre buscam aprender coisas novas para logo colocá-las em prática. Põem seu conhecimento e sua sabedoria a serviço de seus objetivos.

De acordo com os conceitos do psicólogo e pesquisador da cognição, K. Anders Ericsson, a prática intensa é o que faz a diferença entre o aprendiz e o mestre, entre o profissional comum e o campeão.

Estes exemplos podem dar uma ideia sobre a diferença que existe entre o saber e o fazer:

- ✓ Muitos indivíduos sabem que devem fazer exercícios para garantir melhor saúde... Mas não começam nunca!
- ✓ Muitos profissionais de vendas sabem que devem planejar seu dia a dia para tirar melhor proveito de seu tempo e de seus esforços... Mas sempre deixam o planejamento para o dia seguinte!

É para evitar situações desse tipo que apresento meu método. Colocar o conhecimento em prática deve ser a prioridade zero na vida de quem quer ser bem-sucedido.

FAÇA TODO O SEU EMPENHO VALER A PENA

Desde a época em que viajava para Ciudad del Este, no Paraguai, com 19 anos, para comprar mercadorias e, depois, revendê-las para amigos e colegas e conseguir pagar minha faculdade, até os dias atuais, percebo que muitos comportamentos das pessoas permanecem iguais: trabalham de domingo a domingo, reclamam muito e obtêm poucos resultados, totalmente desproporcionais à dedicação e ao empenho. Sempre vi pessoas dando um duro danado no trabalho e alcançando resultados insuficientes. Eu já estive no lugar delas.

Deixe-me contar um segredo: ao contrário do que se ensina, no mundo das vendas, o comprometimento, o empenho intenso, a motivação e o conhecimento sobre seus produtos e serviços *não são mais suficientes para o sucesso nos negócios*. Os tempos são outros e as regras são novas. E você precisa se adequar.

É por isso que é tão importante quebrarmos crenças antigas, para que a bola de neve dos resultados não atingidos não nos atropele e nos faça sentir incapazes, sem forças e sem confiança.

Conheci um vendedor que trabalhava seis horas por dia em uma empresa, seis horas em outra e ainda trabalhava nos finais de semana. Ele vivia cansado e com sono, sem tempo para mais nada, sem conviver com a família nem com os amigos. E o pior, era que ele não progredia, porque alguma coisa que fazia não estava funcionando.

Um dia perguntei a ele para que tanto esforço... Qual era o motivo de todo aquele sacrifício? Ele não soube responder. Simplesmente, tinha entrado numa rotina desgastante e se deixado envolver por ela, sem ter ideia de para onde estava indo.

Tanto empenho e desgaste para quê? Para ficar quase estacionado em um ponto qualquer da carreira, gerando apenas cansaço e frustração.

Vou lhe ensinar uma premissa fundamental para seu sucesso em vendas:

Para sua vida fazer sentido, todo o sacrifício que você faz tem de valer a pena.

E isso é a mais pura verdade, principalmente no mundo das vendas.

Você já parou para pensar nisso? Já parou para pensar em quanto esforço pode estar fazendo, sem obter o resultado proporcional esperado?

Tenho certeza de que já enfrentou ou ainda enfrenta situações difíceis, nas quais se empenha muito e não alcança tudo o que busca.

O que fazer?

Como profissional de vendas, você precisa se municiar de planejamento, estratégias, métodos, comportamentos e equilíbrio emocional, superiores aos que usa atualmente.
É preciso trabalhar para estar sempre um passo à frente do cliente e da concorrência. Só assim o sucesso sólido virá e todo o seu empenho se converterá em excelentes resultados em vendas.

A rotina dos profissionais de vendas é repleta de atividades, compromissos e responsabilidades, muitas delas não relacionadas diretamente com vendas. Quando os resultados não chegam, há muita frustração e até um sentimento ingrato, pois a maioria dos profissionais dessa área conta com a remuneração proveniente das comissões.

Agora, pense bem: quantos foram os dias em que você chegou a deixar de almoçar para ter mais tempo para visitar clientes? Quantas pessoas você conhece que costumam se alimentar em frente ao computador, para aproveitar o intervalo e preparar um orçamento mais elaborado?

É verdade que também há situações em que trabalhamos por tentativas, sem um método previamente definido, ou lutamos contra coisas que não mudam e que só consomem nossa energia.

Como agravante durante essas rotinas, ainda temos de enfrentar clientes com comportamentos desagradáveis e pouco sinceros. Não dizem que não vão efetivar a compra, mesmo sabendo que jamais comprariam o produto – por algum motivo, preferem não verbalizar. Se fossem mais sinceros, seria melhor para todos.

Essas e outras atitudes geram conflitos pessoais e no relacionamento cliente/vendedor.

Lembro-me de uma consultora, que, ao ver seu resultado de vendas ruim no final do mês, bem longe do que era sua meta, deixou-se cair na cadeira, suspirou e disse: "Eu deveria ter ouvido minha mãe e estudado para um concurso público". Ou seja, é evidente que naquele mês ela trabalhou muito e não chegou ao ponto desejado. Em seguida, porém, sua colega respondeu: "nos meses que você vende bem, você vibra e não pensa em concursos, não é?".

Obviamente, ninguém quer trabalhar muito e obter pouco resultado. Por mais lamentável que seja, no entanto, essa é uma realidade no mercado. E o pior é que muitas pessoas estão se acostumando com essa situação e passando a achar que isso é normal.

Conheço uma frutaria, muito antiga. Aquelas, do tipo banca de jornal, que ficam na calçada. Deve estar ali há mais de vinte anos. Todos os dias, o comerciante da frutaria abre, em torno das 7 horas da manhã, e fecha, às 7 horas da noite. Com frio ou calor, com chuva ou sol, ele está lá, sentado no mesmo banquinho de sempre. Se eu tivesse tirado uma foto dele e da barraca, há quinze anos, e outra, agora, não haveria a mínima diferença entre elas – exceto a de que, hoje, o comerciante está mais velho.

Eis um exemplo clássico de "trabalhar no piloto automático": ele faz tudo sempre igual, do mesmo jeito, e não muda. Trabalha muito, sim, mas se acostumou a obter pouco resultado. E passou a achar que é assim que tem de ser.

20 O vendedor inteligente

Do mesmo modo que ele, conheço empresários, médicos, advogados, engenheiros, gerentes de vendas, entre outros profissionais, que há muitos anos fazem sempre a mesma coisa – nem sofrem muito nem desfrutam muito, mas se mantêm sempre muito longe da realização de seus sonhos.

Gosto de citar casos que vivi ou conheci pela vida afora, pois isso pode dar a você uma dimensão mais real sobre o que estamos conversando. Veja aqui dois exemplos, para ilustrar melhor o que chamo de muito empenho e pouco resultado:

Caso 1 Realizei diversos treinamentos para a equipe da área comercial de uma cooperativa de laticínios, que possui em seu mix de produtos mais de cem itens derivados do leite. A venda é feita para redes de hipermercados, mercados menores, hotéis, restaurantes e hospitais. Todos os vendedores atendem todos os tipos de clientes e vendem todos os tipos de produtos que a empresa oferece. A pressão para atingir metas de vendas é constante e muito forte.

O problema é que, no desespero de superar as metas, os vendedores trabalhavam sem planejar e cometiam erros absurdos. Como, por exemplo, a equipe acabar vendendo mais do que a cooperativa podia produzir. Lembro-me de uma ocasião – entre as várias semelhantes que costumavam ocorrer ali – em que venderam 400 unidades de determinado produto para um hospital, e a cooperativa só tinha condições de produzir, naquele prazo, 200 unidades.

Para não perder o cliente, decidiram recomprar no mercado as 200 unidades do próprio produto, pagando 40% a mais de seu preço, para fazer a entrega e cumprir o contrato.

Foi feita a coisa certa? Sim, se pensarmos que cumpriram o contrato e atenderam o cliente. Obviamente, porém, faltaram comunicação interna e planejamento, isto é, mais inteligência nos processos para fazer valer a pena todo o empenho de venda e produção.

Caso 2 Uma empresa que vende máquinas para terraplenagem e construção de estradas, entre outros itens, tem uma divisão de vendas para máquinas novas e usadas, serviços, peças e pneus. Em cada área da empresa existem vendedores especializados.

Boa parte deles roda em média 5 mil quilômetros por mês, para visitar clientes. Às vezes, um vendedor vai até uma propriedade para levar uma peça e, ao retornar, cruza na estrada com um colega que está indo até ela, tirar um pedido de pneus. Desperdício total! Muito empenho para atender, um resultado pobre individualmente, para cada vendedor, e um custo a mais para a empresa.

Além disso, muitas vezes, acontece de um cliente ligar e pedir urgência em uma visita. O vendedor, que não averigua a intensidade dessa urgência, desvia-se de sua rota do dia, roda mais algumas centenas de quilômetros para, quando chega ao cliente, descobrir que se tratava de algo simples, que podia esperar mais um ou dois dias para entrar em uma programação de visitas para aquela região.

Foi possível perceber que os mesmos resultados de vendas poderiam ser obtidos com muito menos desgaste dos profissionais envolvidos? A boa vontade desses vendedores se tornou um ponto fraco, pois eles não pararam para estruturar e planejar as melhores estratégias para atender à demanda de seus clientes: faltou a *expertise* que desenvolveremos ao longo do livro.

O estresse gerado em meio a esses fracassos causa danos em todas as áreas da vida, crises de relacionamento, anos sem férias, falta de tempo para atualização e aperfeiçoamento, afastamento da família, dificuldade para acompanhar o crescimento dos filhos e dezenas de outras situações das quais você deve estar se lembrando, neste momento.

É importante perceber que trabalhar dezesseis horas por dia pode não ser o melhor caminho para você vender mais e, muito menos, viver melhor.

22   O vendedor inteligente

Enfim, é um cenário problemático, mas que tem solução, o que é o principal. Para tanto, vamos entender o problema. Afinal, cerca de 80% da solução de qualquer problema está na perfeita compreensão do que ele representa e dos riscos que apresenta. Por isso, quero lhe pedir que analise comigo os seguintes aspectos, que fazem parte da "história ruim de ter de trabalhar demais para conquistar tão pouco":

- ✓ Desorganização e mau uso do tempo.
- ✓ Comportamentos que atrapalham os relacionamentos.
- ✓ Impacto dos negócios em suas finanças pessoais.
- ✓ Repercussões negativas na saúde.

DESORGANIZAÇÃO E MAU USO DO TEMPO

Realizei uma pesquisa com centenas de profissionais de vendas, em diversas regiões do Brasil: 38% deles disseram que o principal limitador de resultados é a *falta de tempo e de organização* (assuntos que abordaremos no Capítulo 6).

Muitas vezes, quando não estamos atingindo os resultados financeiros desejados, assumimos ainda mais responsabilidades e atividades, na tentativa de aumentar nossa remuneração. Isso antes mesmo de analisar profundamente os motivos do nosso baixo rendimento.

Essa situação não ajuda a resolver e, provavelmente, gera ainda mais desorganização e falta de tempo. Então, adeus férias, feriados e até finais de semana. A vida passa a ser só trabalho e mais trabalho.

Muitos empresários, ao perceber uma queda no faturamento da empresa, entram em uma fase de tentativa e erro, ampliando a variedade de produtos e serviços oferecidos, tentando diversificar seus negócios etc. E, muitas vezes, as novas ofertas fogem totalmente do propósito da empresa. O que a desvia de seu foco, divide esforços, energia e recursos, e aumenta a perda de clientes.

Uma loja de sapatos, à qual prestei consultoria, tinha uma máquina de sorvete italiano na porta. Indaguei o motivo da máquina e o empresário respondeu: "Está difícil sobreviver vendendo somente sapatos". Já imaginou um vendedor, depois de atender você e manusear sapatos, servir um sorvete de morango e chocolate para seu filho?

Agora, pergunte a si mesmo: qual seria o provável resultado se essas pessoas concentrassem mais suas energias em menos atividades? Quanto seus resultados poderiam melhorar? E se o profissional de vendas pudesse conduzir cada negociação com tranquilidade, sem ter de se preocupar com o tempo gasto com cada cliente? Será que isso não geraria um diferencial em seu dia a dia de trabalho? Com certeza, geraria. E um diferencial extremamente positivo.

COMPORTAMENTOS QUE ATRAPALHAM OS RELACIONAMENTOS

Quantas pessoas você conhece que mudaram seu jeito de ser por causa do excesso de trabalho? Passaram a rir menos, engordaram ou emagreceram muito, ficaram mais caladas, mal-humoradas, com pouca energia e com baixa autoestima?

Você deve ter amigos e familiares que eram muito próximos e acabaram se afastando, por estarem muito envolvidos com o trabalho. O que você pensa disso? Será que você não é uma dessas pessoas?

Se o resultado que você consegue não é o que espera, apesar de trabalhar muito, a tendência é investir ainda mais em sua dedicação. Com o passar do tempo, a autoestima vai diminuindo e você passa a se sentir incapaz, frustrado e desmotivado.

A partir desse ponto, é bastante provável que sua vontade de se relacionar com as pessoas diminua. Sem tempo e energia, acabam sobrando prejuízos para suas interações sociais, seu lazer e prazer.

Você já parou para pensar em quanto seu trabalho pode estar afetando de modo negativo seus relacionamentos? É preciso mudar isso, o trabalho não deve nem pode ser um exigente de sacrifícios.

IMPACTO DOS NEGÓCIOS EM SUAS FINANÇAS PESSOAIS

Quando os resultados desejados em suas vendas não estão sendo alcançados, é lógico esperar que problemas surjam em sua vida particular, em especial no que diz respeito às finanças. Se você vendeu pouco ou não recebeu a comissão esperada, isso seguramente vai abalar o equilíbrio de seu orçamento familiar, mudará seu estado de humor e afetará seus relacionamentos pessoais.

Com a falta de dinheiro, são muitos os que começam aquelas economias que nem sempre ajudam o relacionamento familiar: cancelam a TV por assinatura, reduzem o plano do celular, dispensam a diarista, todas as refeições passam a ser feitas em casa, sem saídas para restaurantes, evitam a pizza semanal, não renovam o seguro do carro – isso quando não o vendem. Passam calor ou frio, mas não ligam o ar-condicionado para economizar energia elétrica, afastam-se do clube ou da academia. Começam a se alimentar mal para reduzir os gastos no supermercado... Uma lista infindável.

Perceba que essas várias atitudes para economizar dinheiro afetam diretamente a produtividade e o bem-estar, e não ajudam na busca por resultados. E que, é claro, pode-se entrar em um círculo vicioso.

Tenho certeza absoluta de que ninguém quer passar por isso. E que, se está passando, quer muito resolver essa situação.

Aquela história de que devemos separar a vida profissional da particular não é tão simples de ser colocada em prática. Afinal, somos uma só pessoa e cada um dos aspectos de nossa vida depende dos outros e influencia os demais. Ninguém consegue curtir de verdade o convívio com a família se estiver sempre com a corda no pescoço, ameaçado pelas dívidas e com o pensamento nos impasses do trabalho. É por isso que vamos trabalhar bastante seu equilíbrio emocional, nos próximos capítulos, de modo que possamos ajudá-lo a ficar sempre centrado naquilo que realmente precisa receber sua atenção, a cada momento.

REPERCUSSÕES NEGATIVAS NA SAÚDE

Infelizmente, é comum ouvir depoimentos como este: "De tanto trabalhar, de me preocupar e me alimentar de maneira errada, acabei ficando doente... Problemas no estômago e no esôfago. Tive gastrite. Foram dois longos anos para curá-la. Dois anos com alimentação controlada, sentindo dores, tomando muita medicação, entre outros cuidados. Tudo por causa de um trabalho com muito esforço e pouco método, com exagero de vontade e pouco resultado concreto nos negócios."

Trabalho em excesso e dedicação com pouco resultado também geram sentimentos ruins. Por exemplo: angústia, raiva, tensão, alterações psicossomáticas como insônia, hipertensão, gastrite e diversos outros tipos de doenças.

Essas são apenas algumas das consequências que enfrentamos, quando não usamos a melhor estratégia e a capacidade que temos de analisar criticamente nossas decisões, antes de agir, ou ainda se não buscamos auxílio quando temos de lidar com uma situação difícil na vida e, em especial, no trabalho.

Afinal, qual o objetivo do trabalho? Trazer benefícios, sucesso e conquistas ou nos exaurir? É nisso que você deve pensar quando sai para trabalhar, todos os dias.

Como vai ser seu dia? De que maneira desempenhará suas atividades? Vai trabalhar feito um louco, até se arrebentar, ou vai usar toda sua *expertise* para vender mais e melhor, e superar suas metas com tranquilidade, preservando o prazer de viver?

Decida pelo melhor. Tome a decisão de fazer valer cada esforço seu. De converter cada ação em resultados. E, o melhor, decida fazer isso de modo prazeroso e motivador. Decida usar a venda inteligente para superar suas metas e atingir seus objetivos.

Problemas e dificuldades existem... Mas estamos aqui para resolvê-los. Isso faz parte da emoção da vida.

Facilitando sua vida

Resumo deste capítulo:

- Seu dia a dia como profissional de vendas pode ser agitado, mas nem sempre a correria e o empenho desgovernado resultam em mais lucratividade.
- Trabalhar horas a mais não significa que você aumentará seu faturamento mensal.
- A grande maioria das pessoas está acostumada com os excessos de empenho e o desgaste no trabalho. E, o pior, acha que isso é normal.
- Os excessos cometidos na carga de trabalho poderão trazer inúmeras dificuldades profissionais e pessoais, como:
  - ✓ Desorganização e mau uso do tempo.
  - ✓ Comportamentos que afetarão os relacionamentos.
  - ✓ Complicações nas finanças pessoais.
  - ✓ Repercussões negativas na saúde.

Para reflexão:

- Como ficariam seus resultados em vendas, se você concentrasse mais suas energias em atividades de vendas previamente planejadas?
- Você já parou para pensar em como o excesso de trabalho pode estar afetando negativamente seus relacionamentos?
- A quem você vai recorrer se ficar doente por causa do excesso de trabalho?

2. Acontece com todo mundo, mas não é normal!

*O que nos limita muitas vezes é pensar e
ver o mundo sempre do mesmo jeito.*

Entendo perfeitamente o que você sente quando recebe a notícia
de que não alcançou sua meta, ou quando não fecha aquele excelente negócio que esperava tanto. É um desânimo combinado
com revolta, raiva e decepção. Afinal, foi tanta dedicação, não é
verdade?

Esses problemas que aparecem em nosso caminho podem ser
desmotivadores. Quando era sócio e responsável pelas vendas
de uma agência de propaganda, lembro-me de que havia feito
excelente prospecção de um cliente, a partir de uma ótima indicação. Seria para fecharmos um contrato de, no mínimo, um
ano de trabalho.

Após a primeira reunião, trabalhamos quase dois meses para
apresentar uma campanha publicitária para o cliente em potencial,
a fim de conquistá-lo e fechar o contrato. Para a agência, na época, esse contrato seria a salvação da lavoura. Estávamos apostando
todas as fichas naquele cliente.

No dia da reunião, depois de uma longa e detalhada apresentação da campanha, o diretor da empresa disse que haviam firmado
contrato com outra agência, dois dias antes, e que tínhamos chegado atrasados. E ainda comentou: "É uma pena, pois o trabalho de
vocês está bem interessante".

Naquele momento, experimentei uma das maiores vontades de
desistir que já havia sentido. O mundo desabava e eu não tinha no
que me segurar.

Vejo muitas pessoas enfrentando situações como essa. Talvez você seja uma delas. Sinceramente, não gostaria que você passasse por tudo o que já passei em termos de vendas, ao não conseguir atingir minhas metas.

Pode ser que você não aguente mais clientes sem educação, prepotentes, detalhistas, que desvalorizam seu trabalho, reclamam do preço, ou até com má índole.

Quem sabe você se veja sufocado pela concorrência desleal ou por produtos e preços melhores que o seu. Pode parecer que você está sempre no banco de reservas, sendo a segunda opção do cliente. É possível que você se sinta pouco valorizado, ou desanimado, quando não fecha um bom negócio ou perde uma boa comissão. Tudo isso gera sentimentos que acarretam uma verdadeira montanha-russa com suas emoções: da euforia à decepção, em questão de segundos.

É provável que você já tenha visto outras pessoas alcançarem muito sucesso com rapidez, recebendo remunerações bem mais altas que as suas, conquistando novos clientes, tendo alto reconhecimento por parte de suas empresas, fazendo excelentes fechamentos. Além de se sentir inferiorizado, você pode ficar pensando algo como: "Por que ele consegue tudo isso e eu não? Onde estou errando? Por que não consigo chegar àquela excelente posição?"

Pior ainda é quando seu chefe, supervisor, gerente ou sócio cobram tanto suas metas, fazem tanta pressão, que parecem trabalhar para o concorrente e não para a mesma empresa que você. E, em vez de ajudar, acabam prejudicando seu trabalho.

É importante que você tenha consciência de que, embora essas coisas aconteçam com todo mundo que trabalha em vendas, isso não é o normal. Não é o que deve ser esperado! Por isso é preciso se preparar para obter resultados diferentes e mais satisfatórios.

Seu desempenho em vendas pode sim ser muito melhor. E com muito menos esforço.

No próximo capítulo, vamos pensar um pouco mais nisso e, juntos, tentar entender as inúmeras causas das situações vividas pelos profissionais de vendas que os impedem de alcançar os melhores resultados.

 Facilitando sua vida

Para reflexão:
- O que você sente quando não atinge seus resultados?
- Será que você está trabalhando com as melhores técnicas e os melhores métodos possíveis?
- Como é, para você, ver outras pessoas conquistarem as coisas pelas quais tem lutado para conseguir, sem o êxito esperado?
- Não há resultado ruim, somente experiências vividas.

POR QUE NOSSOS RESULTADOS NEM SEMPRE SÃO OS DESEJADOS?

Imagine-se em uma estrada, dirigindo um carro que, de repente, para de funcionar. Depois de várias tentativas na ignição, você desce e abre o capô – e enxerga fios, peças, tubos, cabos e coisas que não faz ideia para que servem. Você olha para tudo aquilo por alguns minutos e decide fechar a tampa do motor e usar seu celular para solicitar auxílio.

Ou seja, como tentar resolver um problema sem ter uma ideia de sua causa? Sem saber o que deve verificar, você não tem como solucionar a situação.

Na vida profissional é muito semelhante. Não é possível resolver uma dificuldade sem identificar suas possíveis causas.

Por isso, convido-o a investir, neste momento, algum tempo e concentração na importante fase de análise das possíveis causas que dificultam, limitam, atrapalham ou impedem seus bons resultados em vendas ou em seu trabalho. Chegar à raiz do problema garante 50% de sua solução.

O MAIOR OBSTÁCULO CONTRA SUAS VENDAS PODE SER VOCÊ

Muitos profissionais começam a perder vendas a partir dos próprios hábitos e pensamentos.

Você talvez já tenha ouvido algum colega dizer algo como: "Já estou vendo: vou até aquele cliente chato, chegar lá e receber um chá de cadeira. Ele vai dizer que ainda tem estoque ou que já comprou do concorrente. E eu só vou perder meu tempo, sem vender nada.".

Ocorre que as pessoas criam diversas barreiras mentais, baseadas em experiências isoladas do passado, e passam a acreditar em muitas coisas que atrapalham seu desempenho no mercado. Veja a representação no esquema a seguir:

A boa notícia é que se você está perdendo vendas porque possui crenças, hábitos e pensamentos que atrapalham seu desempenho, a solução para isso depende apenas de você. Ou seja, você pode mudar isso, conhecendo e encarando de maneira correta suas crenças limitantes.

Crenças limitantes Crença é tudo aquilo que a pessoa assume em sua mente como uma verdade. Crenças são generalizações. Elas se originam de muitas fontes, como a educação, o comportamento de pessoas que temos como referência, as experiências repetidas e, também, a cultura em que vivemos e trabalhamos.

Aprendemos, por exemplo, que trabalhar é ruim e desagradável. É fácil nos lembrarmos de uma cena em que um pai ou uma mãe se lamenta por ter de ir trabalhar, com os filhos chorando em volta, como se estivesse partindo para a guerra. Esse é um momento marcante para uma criança e colabora para o surgimento da crença de que o trabalho é algo negativo.

A maioria é criada com a ideia de que para vencer na vida é preciso ralar muito, pegar no pesado, sofrer e não medir esforços. Essas são crenças limitantes, que nos fazem acreditar que trabalhar é difícil e sofrido.

Existe uma regra, "assumida" por muitos, de que para chegar ao sucesso é necessário trabalhar muito mais do que o considerado normal. Este é um caminho, mas não o único. O pior é que boa parte das pessoas nem contesta essa situação. Segue em frente, marchando dia a dia, sem ao menos se perguntar:

"Será que poderia trilhar outro caminho que me colocasse mais próximo de meus ideais?"

É a partir dessa pergunta que você deve trilhar os passos em sua carreira. Foi por causa dela que a venda inteligente se mostrou tão importante para mim e, tenho certeza, será para você também.

Você deverá concordar comigo que, em geral, depois de algum tempo, há uma tendência de as pessoas se acostumarem com quase tudo ao seu redor, até com os vícios da profissão.

Por exemplo, mais da metade das vezes você assiste aos mesmos canais de TV. As estações de rádio que você ouve já devem estar gravadas na memória de seu equipamento. Um trajeto feito pela primeira vez pode parecer longo, mas depois de percorrê-lo diversas vezes ele "se torna mais curto" para você. Aquele ruído de uma avenida movimentada ou de uma fábrica próxima de sua casa já não incomoda tanto quanto tempos atrás. Habituamo-nos com as pessoas, os lugares, os sabores, os aromas, as marcas e tantas outras coisas.

Então, por que não optar por se acostumar com crenças, pensamentos e ações mais positivas e que o levem aonde você realmente quer chegar?

Seguindo essa lógica, as pessoas também se acostumam com seu jeito de trabalhar e, por consequência, com o retorno que recebem. O ritmo é você quem dá! E é possível que você se torne um impulsor poderoso para sua carreira e a realização de seus sonhos, baseado na realização de grandes negócios.

Evite se acostumar com sua maneira de trabalhar e com seus resultados insuficientes. Molde seu futuro com vendas mais inteligentes.

Um dos maiores especialistas em vendas nos Estados Unidos, Jefrey Gitomer, disse que na vida todos recebemos areia, cimento e tijolos. Uns utilizam para construir uma barreira para não avançar, outros constroem um degrau para subir e chegar ao ponto mais alto. A escolha é sempre nossa.

Há casos em que nossas interferências mentais negativas são tão fortes que fantasiamos, a ponto de criar ou acreditar em mitos, o que nos torna vulneráveis, inclusive às influências negativas de pessoas com quem convivemos.

Vamos abordar alguns desses mitos, para que você possa ficar alerta e se manter longe deles.

O que fazer para eliminar os baixos resultados em vendas, decorrentes das crenças limitantes:

✓ Monitore seus pensamentos e evite a negatividade.

✓ Pare de pensar que para poder se dar bem na vida é preciso sofrer e sacrificar muita coisa. Se sua mente é capaz de criar limitações, ela também pode afastá-las.

✓ Reflita e perceba se você se acostumou com seu modelo de trabalho e se acredita que esse é o melhor caminho. Escolha, então, os próximos passos, à procura de rotas mais eficientes.

MITOS QUE PODEM LIMITAR SEUS RESULTADOS

A palavra "mito" significa narrativa popular ou literária, que coloca seres sobre-humanos em cena e em ações imaginárias e fantasiosas.

Quando acreditamos em um mito, ele se torna quase uma verdade absoluta em nossa mente e não permite que olhemos de outra maneira para os fatos que a ele ligamos.

É importante entender que, em vendas, não existe uma verdade única e inquestionável. Para cada situação, precisamos estar abertos e atentos às possibilidades de negociação.

Quando simplesmente passamos a acreditar em algo e agimos como se fosse verdade única, perdemos a flexibilidade necessária para negociar melhor e vender mais.

Mito 1 – "Vendedor é tudo igual"

Este é um mito muito comum *entre os clientes*. A explicação para ele é que algum dia um profissional de vendas não foi correto e prejudicou o cliente. A partir daí, esse cliente passou a generalizar, a não confiar mais nos profissionais de vendas e a acreditar que todos eles são iguais e só querem levar vantagens.

34 O vendedor inteligente

Quando o cliente acredita nisso, ele imagina que tudo o que o vendedor diz é mentira ou exagero. Alguns clientes dizem algo como: "Isso aí que você falou é papo de vendedor. Você só está dizendo isso porque quer me vender esse produto".

Antídoto para combater esse mito

✓ Aumente a qualidade e a profundidade de seus argumentos.

✓ Conquiste sempre a confiança de seus clientes mostrando que está interessado em lhes dar auxílio.

✓ Entenda que a confiança será conquistada quando você mostrar fidelidade ao jeito de ser do cliente, aos valores dele e ao cumprimento do que lhe foi prometido.

Mito 2 – "O produto dos outros é melhor"

É quando você acredita que não fecha negócios somente porque "o produto dos outros (da concorrência) é melhor, maior, mais rápido, tem maior garantia, é mais confiável, tradicional, o prazo é melhor" e tantas outras possibilidades.

Se fosse assim, porém, como explicar que muitos de seus piores concorrentes vendam para seus clientes, muitas vezes com produtos e condições bem inferiores às que você oferece? Logo, o que está errado?

Antídoto para combater esse mito

✓ Acredite muito naquilo que você diz e vende. Seja o maior defensor de sua empresa, de seu produto e das condições excepcionais que você tem para oferecer ao cliente.

✓ Encontre e crie argumentos para falar bem dos próprios produtos e serviços, mostrando o que ganha o cliente, de fato, ao comprá-los de você.

Mito 3 – "Eu sempre fiz assim e deu certo"

Trata-se de um mito clássico e muito comum no mundo dos negócios. É frequente encontrar um vendedor resistente às novidades, principalmente quando isso implica fazê-lo mudar a maneira como trabalha.

A venda inteligente se baseia em preparar o vendedor para estar sempre aberto para aprender e mudar para melhor. Afinal, o sucesso do passado não garantirá o sucesso no futuro. No mundo dos negócios, o jargão "em time que está ganhando não se mexe" não é uma verdade e deve ser sempre contestado.

Antídoto para combater esse mito

- ✓ Observe as mudanças e adapte-se constantemente ao mundo ao redor. Pessoas, empresas, produtos e serviços mudam a todo momento e é preciso acompanhar essas novidades para fazer o jogo ser favorável a você.

Mito 4 – "Cliente caroço não compra"

"Caroço" é como muitos vendedores chamam aqueles clientes que só incomodam e "não compram". Contudo, esse também é um grande mito a ser vencido, pois de alguém ele deve comprar alguma coisa. Concorda? Ninguém é autossuficiente em tudo. Se o cliente tem casa, carro, roupas, vai ao dentista, viaja etc., de alguém ele está comprando. Então, só é preciso descobrir a melhor maneira de vender para ele.

Antídoto para combater esse mito

- ✓ Acredite que esse tipo de cliente comprará, é bem provável, daquele vendedor que possuir as melhores técnicas e lhe der mais atenção e vantagens.
- ✓ Leve em conta que, se o cliente deu a você a chance de estar diante dele para fazer uma oferta, o primeiro passo para a compra já foi dado. Afinal, ninguém pergunta preço ou pede informações sobre algo que não tem o mínimo interesse em comprar.

36 O vendedor inteligente

Mito 5 – "Eu acho"

Caso típico em que você tem "uma opinião própria forte e bem defini-
da, porém desfavorável daquilo que vende". Nutre conceitos particulares, contraditórios aos de seus clientes, o que pode atrapalhar a venda.

É quando você acha que seu produto é caro, feio, grande ou pe-
queno, ruim, frágil etc. e que você mesmo não o compraria e, por
isso, não consegue vendê-lo.

Existe também o caso em que você pode "achar" que o cliente vai
querer isso ou aquilo. Quando imagina que o cliente é conservador
ou moderno, ou que ele tem pressa, e assim por diante. "Achar"
nunca é uma boa companhia para um vendedor.

Quantos negócios será que você já perdeu por "achar" algo que
nada tinha a ver com a realidade?

Imagine que você adora pescar nos finais de semana. E que,
durante a pescaria, gosta de comer pão de queijo. Na hora de colocar isca no anzol você escolhe pão de queijo ou minhoca? Minhoca é claro, pois você sabe que peixe é atraído por minhocas e não
por pão de queijo.

Então, por que não seguir essa lógica ao "pescar clientes"? Tenha
foco e atenção no que o cliente gosta e não naquilo que você "acha"
legal, bonito, melhor, barato ou qualquer outra opinião particular.

Antídoto para combater esse mito

- ✓ Desligue a "máquina do achismo". Seja realista e objetivo. Deixe
  suas opiniões particulares em casa antes de ir trabalhar.
- ✓ Passe a aceitar melhor o produto que vende. Lembre-se de que o
  que está na prateleira é para você vender e não para você comprar.
- ✓ Evite ao máximo tirar conclusões precipitadas sobre o cliente.

Mito 6 – "Faço, para os outros, o que gostaria que fizessem para mim"

"Como gosto de ser atendido muito depressa, atendo todos os
clientes com muita rapidez; detesto receber ligações de telemar-

keting, por isso não gosto de ligar para clientes; gosto de coisas muito bem esclarecidas, por isso explico tudo em detalhes para o cliente."

Será que essa é a forma com que seu cliente gosta de ser atendido?

Com a grande variedade de tipos e comportamentos dos clientes, será que todos gostariam exatamente das coisas que você gosta? Ou que todos gostariam de receber um mesmo tipo de atendimento? Ou será que um atendimento individualizado, personalizado não funcionaria melhor?

Antídoto para combater esse mito

✓ Faça para o cliente aquilo que "ele" gostaria que fosse feito "para ele", e não o que você gostaria que fosse feito para você.

Mito 7 – "Hoje não é um bom dia para vender"

Exemplo daqueles profissionais de vendas que acreditam que têm dia certo para fazer boas vendas. Que sentido existe em dizer "hoje não é um bom dia para vender"? Muitos dizem isso, mencionando frases como:

✓ "Hoje eu não estou bem."
✓ "Já vi que hoje vai ser um dia daqueles."
✓ "Já estou vendo que hoje não vou vender nada."
✓ "Hoje é dia de resolver problemas."
✓ "Hoje, acho que meu chefe não dormiu bem!"

Se você acha que não vai ser um bom dia para vender, então não será um bom dia para vender... Mas só para você. Porque seus concorrentes vão continuar a vender e faturar, enquanto você se entrega ao desânimo.

Antídoto para combater esse mito
- ✓ Acredite nisso: todos os dias são bons para vender e realizar bons negócios. Todos foram feitos para você faturar e se sentir satisfeito com a vida. É só questão de acreditar em si mesmo.
- ✓ Lembre-se sempre desta frase:

> *Se você pensa que pode ou pensa que não pode,*
> *de qualquer forma você está certo.*
> Henry Ford

A partir desses mitos, fica muito simples perceber quanto podemos ser obstáculos para nosso sucesso em vendas. Ou podemos potencializar nossos resultados.

O que nos limita, na maioria das vezes, é nossa maneira de pensar e ver o mundo ao redor.

SÍNDROMES QUE AFETAM SEUS RESULTADOS

A palavra síndrome representa o conjunto de particularidades associadas a um estado crítico, que pode gerar debilidade e resultados indesejáveis.

Você, por acaso, conhece um estado mais crítico ou um resultado mais indesejável do que trabalhar feito um doido, durante todo o mês, e não bater suas metas de vendas ou atingir os resultados desejados?

Então, analise algumas "síndromes" que podem estar afetando seus resultados em vendas e algumas possibilidades para eliminá-las.

Síndrome do sucesso

Situação que ocorre quando um profissional ou uma empresa obtém grande sucesso em vendas em determinada época e, por isso, acaba se acomodando ou se descuidando. Muitas vezes, acaba diminuindo seu interesse pela mudança e pela evolução, pois entende que elas não são necessárias. Como se sua conquista fosse segura e vitalícia.

Qual é a consequência disso? Deixe-me dar um exemplo: a Motorola dominava o mercado, no início da telefonia celular, no Brasil, e hoje não se encontra mais entre os cinco maiores fabricantes. Por quê? Eles acharam que já tinham o mercado cativo, nas mãos, e não precisavam se preocupar em evoluir para manter a concorrência distante.

A posição cômoda de sucesso e liderança de mercado pode embaçar a visão e mascarar as ameaças e as armadilhas no caminho dos profissionais e das empresas. E isso serve como uma luva para os profissionais de vendas. Você não acha?

O que fazer para evitar essa síndrome

- ✓ Tenha em mente que, em vendas, nunca se pode achar que já chegou ao topo e nada pode lhe ameaçar.
- ✓ Acostume-se a construir seu sucesso em vendas a cada passo, diariamente.
- ✓ Espelhe-se em um atleta que, quando conquista um recorde sul-americano, por exemplo, passa logo a pensar no recorde mundial.

Síndrome do preconceito

Trata-se de uma das piores falhas dos profissionais de vendas. Daria para escrever um livro só com as histórias que já ouvi e presenciei, que envolvem o preconceito de profissionais diante de seus clientes.

Essa síndrome ocorre quando o profissional de vendas tira conclusões apressadas das situações. Baseando-se na aparência física, no comportamento e em comentários do cliente, o vendedor imagina que ele não tem potencial para adquirir o produto ou o serviço em questão, ou acha que ele só está passando o tempo e não tem intenção de comprar naquele momento. Com certeza, você já viu isso acontecer. E o pior é que, nessas ocasiões, perdem-se grandes oportunidades.

O que fazer para evitar essa síndrome

- ✓ Adote a atitude de tratar todos os clientes como merecedores de igual e alto nível de atenção e gentileza.
- ✓ Compreenda que você jamais saberá qual o saldo da conta bancária de um cliente, ou quanto ele está disposto a investir em uma compra antes de decidir comprar seu produto.
- ✓ E que, nunca é demais lembrar, as aparências enganam – na maioria das vezes.

Síndrome do desaforo

Como profissional de vendas, é bem provável que você já tenha ouvido, ou pronunciado, referindo-se a algum desentendimento com o cliente, a seguinte frase: "Eu não levo desaforo para casa".

Tudo bem, respeito quem sofre dessa síndrome. Entretanto, além de não levar desaforo para casa, esse vendedor também não levará a comissão.

O que fazer para evitar essa síndrome

- ✓ Realmente você não precisa "levar desaforo para casa", basta deixar passar e não tomar como algo pessoal.
- ✓ Todas as coisas desagradáveis que o cliente lhe fala são para descarregar sentimentos ruins que, quase sempre, não passam de descontroles emocionais que nada têm a ver com você.

Síndrome do paraquedas

Algumas pessoas, por necessidade ou força do acaso, passam a trabalhar na área de vendas de uma hora para outra, sem ter planejado.

É quando se dá, com frequência, a ocorrência dessa síndrome. Os vendedores "por acaso" usam o fato de terem "caído de paraquedas na profissão" como justificativa para resultados baixos ou instáveis em vendas.

O que fazer para evitar essa síndrome

- ✓ Se você "caiu de paraquedas" na área de vendas, esse é um grande motivo para redobrar sua dedicação e estudar mais as técnicas de vendas e os produtos e serviços que vende. Usar o "paraquedas" como desculpa para baixos resultados não o ajudará em nada e só vai lhe causar frustração.
- ✓ Quando você assume a profissão de vendedor, ainda que essa não tenha sido sua escolha mais entusiasmada, descobre ser uma das profissões mais interessantes e lucrativas que poderá conhecer.

Síndrome dos dez minutos

Estou falando aqui daqueles dez minutos que precedem a hora de encerrar o expediente, sejam antes do almoço sejam do final do turno de trabalho. A hora de "parar de trabalhar", em que o vendedor não está disposto a atender nem mais um cliente.

Os principais sintomas da síndrome dos dez minutos são: não prestar a devida atenção ao cliente, fazer as coisas rapidamente, ou sem cuidado, para poder ir embora, ficar com o pensamento distante e diminuir a dedicação e a boa vontade no atendimento.

O que fazer para evitar essa síndrome

- ✓ Redobre a atenção nos finais dos turnos. Na área de vendas, temos um horário para começar a trabalhar, mas não para terminar um atendimento.
- ✓ Pense sempre que com o último cliente do dia poderá vir a grande venda que fará você bater sua meta, ou gerar aquela comissão extra que viabilizará a realização de algum objetivo.

Se você percebeu que sofre de qualquer uma dessas síndromes, tenha certeza: está facilitando as coisas para seu concorrente. Livre-se logo dela!

DE QUE ADIANTA LUTAR CONTRA AQUILO QUE NÃO MUDA?

É comum vendedores perderem bons negócios em decorrência do desgaste de lutar contra situações que, com dificuldade, mudarão. A maioria deles, em algum momento, deixa-se influenciar negativamente por pessoas e situações sobre as quais não tem poder de mudança – coisas que são o que são e ponto final.

Refiro-me aqui à realidade do dia a dia das vendas, que envolve situações que nem sempre são simples de suportar, e contra as quais é inútil lutar. Eis alguns exemplos:

- Trânsito lento e motoristas estressados.
- Clima exageradamente quente, frio ou chuvoso.
- Concorrência desleal.
- Produtos e serviços de concorrentes superiores ou mais baratos.
- Demasiada repetição de explicações para muitos clientes, diariamente.
- Expedientes e plantões em horários tradicionais de descanso.
- Busca mensal de metas e clientes.
- Comportamentos desagradáveis de clientes, como:
    - Imediatismo.
    - Desonestidade.
    - Alto nível de intolerância.
    - Desvalorização do trabalho do vendedor.

Diga-me uma coisa, agora: de que adianta lutar contra situações que não mudam? O melhor é aceitá-las, relaxar e colocar sua energia em coisas que dão mais resultados. E, principalmente, descobrir como driblar as dificuldades.

Houve uma época, em minha vida, na qual trabalhava muito e ainda fazia curso pré-vestibular. Todos os dias, acordar era uma dificuldade. Sentia muito sono e estava sempre de mau humor. Saía de casa reclamando e passava o dia de mal com a vida. Até que parei e fiz um cálculo aproximado de quantos dias ainda teria de acordar cedo e fiquei chocado... Era muito tempo para continuar ficando mal-humorado.

A partir daquele momento, decidi que não lutaria mais contra algo que ainda se repetiria por mais quarenta ou cinquenta anos. Aceitei que acordar cedo fazia parte de minha vida e passei a não me estressar mais com isso.

O que fazer para atenuar ou eliminar essa causa:

- ✓ O segredo é parar de lutar contra o que não se pode mudar, de desperdiçar energia em algo que não é produtivo e só causa desgaste.
- ✓ Foque coisas mais produtivas e aproveite o tempo para melhorar seu desempenho profissional.

INFLUÊNCIAS EXTERNAS

Os sociólogos nos ensinam que o homem é resultado do meio em que vive. Assim, pare para pensar e analise quanto você permite que seu ambiente de trabalho o influencie na busca de objetivos. Se estiver afetando de modo positivo, ótimo! Aproveite! E quando não souber se a influência é boa ou ruim? Ou se é declaradamente ruim?

Pensando nisso, é muito importante prestar atenção e perceber quem são as pessoas que tem como modelos. Se você conviver e se instruir com as erradas, o resultado não será bom.

A pior situação é aprender a "errar com convicção", em decorrência da influência daqueles, a princípio, mais experientes. Se você errar com convicção, continuará a fazê-lo, enquanto não se der conta de que o caminho não está certo.

Quando o assunto é vendas, pior: errar com convicção significa empreender muito esforço para obter pouco resultado.

O que fazer para atenuar ou eliminar essa causa:
- ✓ Faça um levantamento das pessoas que possam estar influenciando-o de maneira prejudicial. Afaste-se delas e concentre-se em aumentar a convicção nos próprios procedimentos e comportamentos, quando estes se mostrarem corretos.
- ✓ Se você não tiver convicções formadas e positivas, uma análise crítica apurada, além de um bom conhecimento do mercado de atuação, busque orientação especializada e adequada, a fim de construir atitudes corretas para seu sucesso em vendas.

REAÇÕES EMOCIONAIS

São incontáveis os comportamentos alheios que podem alterar nosso estado emocional e, assim, afetar nossos resultados em vendas.

Em uma apresentação, Willian Ury, um dos maiores especialistas mundiais em negociação, disse que somos máquinas de reagir e, quando irritados, fazemos grandes e inflamados discursos, dos quais nos arrependemos a seguir.

Aliás, todos os resultados têm a ver com nossas emoções. Até nosso emprego depende de como as emoções afetam o comportamento. Acredito que você já tenha ouvido falar que:

As pessoas são contratadas por suas habilidades e demitidas por seus comportamentos.

Por isso, ao praticar a venda inteligente, você mantém suas emoções controladas, pensa antes de agir e, principalmente, antes de reagir. É isso que garante o sucesso em suas vendas.

Em certa ocasião, eu tinha pressa em adquirir uma filmadora. Encontrei o modelo que desejava na internet, com pronta-entrega. Então, escrevi uma mensagem para o vendedor, no intuito de obter algum benefício e efetivar a compra. A resposta foi tão inesperada que gravei a imagem da tela, como exemplo do que não se deve fazer em uma negociação:

Ora, não é necessário ser um psicólogo para perceber que esse vendedor perdeu uma venda por estar em um estado emocional pouco favorável à negociação, e que reagiu de modo inadequado para quem está vendendo algo. É claro que isso não justifica sua resposta – tanto que ele perdeu a venda para um concorrente. E, ainda, nota-se sua ironia e má vontade, representada na parte final do texto com "boa sorte".

Todo o esforço desse vendedor em comprar um produto, a fim de revendê-lo, foi jogado fora pelo descontrole de suas emoções, que o fizeram tomar uma atitude com base no que sentia, e não como deveria, para buscar o fechamento da venda.

Reagir ao que um cliente diz, envolvido em emoções inadequadas, prejudica os resultados em vendas.

Quando nos deixamos influenciar pelos comportamentos dos clientes, e cedemos às emoções, perdemos o foco na venda.

Tenho observado que pessoas que usam mais a emoção do que a razão têm muitas dificuldades em fechar um negócio ou fazer uma venda. Ouço profissionais dizendo frases como:

- ✓ "Eu fico louco com clientes que se atrasam."
- ✓ "Não suporto pessoas mal-educadas."

46 O vendedor inteligente

- ✓ "Odeio clientes detalhistas."
- ✓ "Fico possesso com clientes que falam mal de meus produtos."
- ✓ "Detesto atender clientes prepotentes."
- ✓ "Não aturo clientes que ficam usando o celular na minha frente."
- ✓ "Clientes que ficam pedindo muitos descontos me tiram do sério."
- ✓ "Tenho raiva de clientes que não sabem exatamente o que querem."
- ✓ "Clientes apressados me deixam estressado."

Tudo isso altera o estado emocional do profissional desavisado e afeta seus resultados, além de aumentar a energia gasta na negociação e causar um desgaste bem maior.

Tome por hábito parar um pouco e respirar fundo antes de entrar em contato com um cliente. Durante a conversação, ainda que o cliente não seja cortês, entenda que ele não está contra você. E que suas possíveis provocações nada têm a ver com sua pessoa. Mantenha-se centrado em seu objetivo que é atendê-lo bem e realizar a venda.

Dificuldade para dizer não mais uma reação emocional e comportamental que você precisa retirar de sua vida como um profissional de vendas.

Conheço muita gente generosa, do tipo "coração grande". A maioria tem dificuldade de dizer não e acaba assumindo responsabilidades de seus colegas, familiares e até de clientes. Essas situações fazem com que esses profissionais fiquem completamente atarefados, sem tempo e, muitas vezes, sem energia para vender.

Dizer não, quando necessário, é um jeito honesto e realista de dizer para a outra pessoa que você se importa com ela. E que, por isso, não vai assumir um compromisso que não poderá cumprir. Além de evitar que você se sobrecarregue e desvie a atenção de suas vendas.

Insegurança e medo Nas pesquisas que realizei com profissionais de vendas, o medo e a insegurança ficaram entre os cinco fatores que mais atrapalham a obtenção de melhores resultados por meio das vendas.

Boa parte de todo o medo e insegurança vem somente de criações fantasiosas da mente, pois somos vítimas dos próprios pensamentos. A ausência de conhecimento e treino também são fontes geradoras de intranquilidade.

O que fazer para atenuar ou eliminar essa causa:

✓ Aumente a atenção quanto à percepção emocional. Dê mais ouvidos aos sentimentos. Busque saber o que está sentindo e seu motivo. Identifique os pensamentos que afetam seu desempenho e procure controlá-los e atenuá-los. Respire fundo antes de atender um cliente e gere a confiança interior de que fará um excelente atendimento.

DIFICULDADES COM O PLANEJAMENTO

Após ministrar uma palestra na cidade de Gramado (RS), durante uma convenção de vendas, ouvi de um senhor, representante comercial:

— Ricardo, você sabe qual é a pior coisa que pode acontecer a um vendedor?

— São tantas as coisas que podem acontecer — comentei. — Qual seria a pior?

E ele respondeu:

— É quando um vendedor, após uma visita a um cliente, entra no carro, olha para os lados e se pergunta: 'E agora? Para que lado eu vou? Quem eu visito? O que devo fazer?'

De fato, aquele senhor tinha toda a razão. Afinal, a situação demonstrava uma falha enorme no planejamento da semana daquele vendedor.

48 O vendedor inteligente

É muito difícil encontrar um profissional de vendas que nunca tenha feito uma visita a um cliente, sem tê-la planejado. E, confesso, raramente tive bons resultados quando isso aconteceu comigo.

Planejar é tão importante para aumentar as vendas quanto uma bússola é fundamental para quem navega em alto-mar. É uma questão de vida ou morte.

No entanto, é necessário que seja um planejamento escrito e bem-feito. Se até planejamentos escritos, às vezes, são esquecidos ou acabam não sendo seguidos à risca, imagine aqueles feitos somente no nível mental.

O planejamento falho, ou a sua ausência, farão você trabalhar por tentativas e se mover pelo acaso, limitando seus resultados e baixando a guarda para os concorrentes conquistarem seus clientes.

O que fazer para atenuar ou eliminar essa causa:

- ✓ Acredite que o planejamento é o mapa que o levará aonde quiser.
- ✓ Comece a fazer relações de atividades diárias, priorizando-as.
- ✓ Tenha sempre um plano B, para ser usado quando a estratégia principal falhar.

ARGUMENTAÇÃO INEFICIENTE

Todos nós, como clientes, não aguentamos mais ser subestimados por empresas e vendedores despreparados para fazer uma venda de qualidade. Você, com certeza, já ouviu algo como:

Frase	Observação sobre a frase
"Confie em mim."	Confiança não se pede, conquista-se.
"Temos qualidade."	Ninguém busca algo sem qualidade. Ensine o cliente a perceber essa qualidade.

"Temos a melhor relação custo-benefício."	Argumento muito utilizado, soa como cliché e não passa credibilidade para o cliente. Prove o porquê dessa afirmação.
"Compre agora. Você não se arrependerá."	Nenhum cliente decide com esse tipo de pressão. Diga quais os motivos que garantem que ele não se arrependerá.

Todas essas frases são argumentações e estímulos ainda muito utilizados, mas que, banalizadas, não produzem mais o efeito desejado.

O que fazer para atenuar ou eliminar essa causa:

✓ Direcione sua argumentação nos benefícios para os clientes. Somente a alegação técnica não é mais suficiente. O cliente quer respostas para a pergunta inconsciente: "O que eu ganho com isso?"

✓ Amplie as pesquisas na internet, pois, independentemente de seu ramo de atuação, seu cliente também buscará mais informações no Google.

IMEDIATISMO E ANSIEDADE NA VENDA

Poucas pessoas tomam a decisão de comprar algo ao serem pressionadas. Ao contrário, a pressão afasta o cliente. Em estabelecimentos nos quais as vendas se dão sob pressão, o percentual de clientes arrependidos que solicitam trocas e devoluções é bem maior do que o normal.

A necessidade de fechar bons negócios faz com que, muitas vezes, os vendedores avancem depressa demais nas etapas da venda. A sondagem, ou seja, a etapa do levantamento de necessidades e desejos do cliente, apesar de ser uma das fases mais importantes no processo, é uma das mais negligenciadas.

50 O vendedor inteligente

Os vendedores mais imediatistas em geral passam por cima dos momentos em que o cliente ainda está com dúvidas e inseguro, e já vão oferecendo descontos para fechar a venda, como se fossem sempre o único fator decisório para uma compra. As pressões superiores nas empresas também provocam o imediatismo.

Por isso tudo, é muito importante que o vendedor se aprimore nas técnicas e também na psicologia da venda, para ter a objetividade e a calma necessárias nas negociações.

Ao visitar um cliente lojista, certa vez, assisti a um supervisor que falava para um de seus vendedores: "Olha lá: entrou um cliente! Vai para cima dele, vai, vai...!" Parecia mais um técnico de futebol perdendo por 2 x 1 aos quarenta minutos do segundo tempo. Ou um treinador de cães dizendo: "Pega, pega...!"

Desse jeito, se o profissional não conhece bem as técnicas de vendas e não sabe controlar os sentimentos, o que lhe resta é repassar toda a pressão recebida dos superiores para os clientes, forçando o fechamento de uma venda, o que raramente termina em bom resultado.

Ansiedade Quando cito a ansiedade, faço menção àquelas pessoas que, por exemplo, trocam de emprego com frequência, pensando em ganhar mais, e que trabalham três ou quatro meses e desistem de novo, pois não atingem seu objetivo.

Entram também na classificação as empresas que criam ações de vendas por tentativas, sem planejamento, trocam de fornecedores com rapidez, alteram horários de atendimento sem se importar com o cliente, contratam novos profissionais a toda hora e demitem sem critério.

No exemplo da agricultura, um profissional leva nove meses para colher batatas-doces, oito meses para ter cenouras e seis meses para conseguir tomates. Nesse tempo, ele só trabalha e gasta suas reservas de dinheiro para sobreviver, sem poder colher nada antes desses períodos. Imagine se ele resolvesse colher na metade do tempo necessário para o produto estar no ponto ideal... O produto não prestaria para consumo e ele perderia todo o investimento e o trabalho aplicado na lavoura.

Em vendas, a ideia é análoga. Respeitadas as devidas características de mercado e produtos, sempre há um tempo para plantar e outro para colher. E a ansiedade só atrapalha os resultados. Como diz a sabedoria oriental: "Não se deve tentar apressar o rio".

O que fazer para atenuar ou eliminar essa causa:
- ✓ Esteja ciente de que a tomada de decisão do cliente não deverá ser influenciada por seu imediatismo ou sua ansiedade.
- ✓ Aumente a autotolerância e respeite o tempo de decisão do cliente. Quanto maior o investimento, mais tempo será necessário para ele decidir.

COMPROMETIMENTO FINANCEIRO

De modo diferente de há alguns anos, atualmente o crédito foi ampliado em todos os setores. O acesso a empréstimos e financiamentos está muito mais fácil. Empresas seduzem com ofertas de imóveis, carros, motos, eletrônicos, celulares, viagens, roupas, acessórios, com condições de pagamento muito facilitadas. Assim, as pessoas comprometem boa parte de sua renda com prestações quase intermináveis.

Entretanto, quem tem renda dependente de comissões, se estiver com muitos compromissos financeiros, ficará desesperado para vender, em especial nos meses de pouco movimento. Isso o levará a trabalhar muito mais do que o normal para alcançar um rendimento que faça frente às despesas e às contas particulares.

Conheci uma vendedora que tinha apenas um salário fixo. Ela trocou de emprego, foi para uma loja muito melhor, com um salário fixo mais uma comissão pelas vendas. No primeiro mês, ganhou

52　O vendedor inteligente

o triplo do que recebia no emprego anterior. No segundo, mais ainda. Ela me disse: "No segundo mês eu me entusiasmei, achei que a vida seria fácil e saí comprando a prazo. No terceiro mês de trabalho, dei azar, vendi pouco e recebi menos de um terço do que no mês anterior. Resultado? Fiquei no negativo e levei quase quatro meses para alinhar as contas".

Doenças, demissões, separações conjugais, filhos não programados, dissoluções de sociedades e incontáveis eventos inesperados podem afetar o orçamento mensal. Se, além disso, você estiver endividado, a situação pode ficar muito delicada. Como consequência, as preocupações terão a tendência de afetar os resultados no trabalho. Se você trabalha com vendas e suas comissões são parte significativa da renda, essa preocupação será ainda maior e poderá, sim, comprometer os resultados.

> **O que fazer para atenuar ou eliminar essa causa:**
> ✓ Crie seu "paraquedas de reserva". Ou seja, guarde um valor semelhante à remuneração de três meses. Somente saque esse dinheiro em meses em que sua retirada ficar muito abaixo da média. Se sacar, assim que possível, reponha o valor retirado.

Além das causas já citadas aqui, a desmotivação, a procrastinação, a timidez, a resistência às mudanças, a dificuldade de comunicação, a ausência de persuasão, os concorrentes, o excesso de malandragem, as limitações para se relacionar e diversas outras causas de que você poderá se lembrar, neste instante, atrapalham o bom andamento dos negócios, limitam e ofuscam as oportunidades.

Por isso, é muito importante encontrar e mapear os pontos em que se encontram as principais causas que dificultam seu trabalho. Utilizando um método com diversas estratégias para a venda inteligente, você conseguirá a solução definitiva para essas causas.

Facilitando sua vida

Resumo deste capítulo:

- Para solucionar problemas é necessário, antes, identificar suas causas.
- Algumas das possíveis causas pelas quais os profissionais de vendas trabalham muito, desgastam-se além do normal e não obtêm os resultados desejados são:
  - ✓ Maneira negativa de pensar.
  - ✓ Acomodação com o modo atual de trabalhar.
  - ✓ Percepção difusa da realidade.
  - ✓ Crenças limitantes.
  - ✓ Prevalência de mitos e síndromes.
  - ✓ Desgaste com situações que não vão melhorar.
  - ✓ Influências negativas de ambientes e pessoas.
  - ✓ Reações emocionais.
  - ✓ Dificuldade em dizer não.
  - ✓ Insegurança e medo.
  - ✓ Ausência de planejamento ou planejamento falho.
  - ✓ Argumentação ineficiente.
  - ✓ Imediatismo e ansiedade.
  - ✓ Comprometimento financeiro.

Para reflexão:

- Identifique as causas que limitam seus resultados e se posicione de modo que possa resolver cada uma delas.
- Assuma que está somente em suas mãos "virar a mesa" e começar a ter melhores resultados com seu trabalho.
- Adote a atitude da venda inteligente. Ou seja, venda mais a partir de estratégias conscientes.

3. Fundamentos para vender mais, desgastando-se menos

A luta por um desempenho melhor em vendas é vencida pelo profissional que usa bem o poder da inteligência e da adaptação, realizando mais com menos esforços e multiplicando seus resultados.

Depois de tudo o que abordamos, não dá mais para achar que tanta correria, desgaste, estresse e ansiedade no trabalho sejam questões normais e que devemos nos acostumar com elas.

Então, assim como o processo de transformação pessoal que você iniciou com a leitura deste livro, vamos falar um pouco sobre mudanças.

CONSCIÊNCIA E PERCEPÇÃO DAS MUDANÇAS

É impressionante que a mudança seja uma das poucas coisas certas em nossa vida e algo que, paradoxalmente, seja alvo de tanta resistência. O corpo muda, os pensamentos mudam, o planeta Terra muda, o mundo empresarial muda e seu cliente também muda!

Por que será, então, que ainda somos tão resistentes às mudanças? Imagino que talvez você possa estar se lembrando da famosa ideia da "zona de conforto", para usar como resposta.

Sim, esse é um dos muitos motivos para essas resistências, pois cada um tem as próprias razões, conscientes ou inconscientes, para não mudar, por se sentir cômodo no ponto em que se encontra. No entanto, quero destacar dois motivos, diretamente relacionados entre si, que colaboram para as resistências às mudanças:

- ✓ A velocidade com que as mudanças acontecem.
- ✓ A maneira como percebemos as mudanças.

Existem mudanças que ocorrem de modo lento
Ao contrário do que se pensa, uma mudança pode ocorrer de maneira relativamente lenta.

O destaque louvável das mulheres nos negócios não aconteceu de um ano para outro.

Os consumidores não passaram a ser mais exigentes da noite para o dia.

A poluição das águas, o desmatamento, a explosão demográfica, a concorrência, tudo o que imaginarmos vem mudando de modo gradativo e constante, e não tão depressa como muitos dizem ou imaginam.

Você já ouviu falar na crise dos sete anos entre casais? Sim, ela existe e ocorre também pela ausência da percepção das mudanças das pessoas. Lembre-se de que ela é chamada de "crise dos sete anos" porque as mudanças do casal levam tempo para acontecer. E ambos mudam lentamente, muitas vezes sem perceber que estão diferentes, e continuam a procurar sempre aquela pessoa que conheceram sete anos antes.

Então, se uma mudança ocorre de maneira gradativa, ela poderá se tornar imperceptível e muito mais difícil de ser notada.

É aí que está a grande chave da questão. Como diversas mudanças ocorrem de forma evolutiva e muitos profissionais são pouco perceptivos ou não prestam a devida atenção em algumas delas, acabam não as acompanhando. E, lamentavelmente, quando se dão conta da necessidade de se adaptar, o processo já se tornou mais difícil e complexo.

Perceber, acompanhar e se adaptar às pequenas modificações fará você estar preparado para as mudanças maiores que virão.

Existem mudanças que ocorrem de maneira muito rápida
Diferentemente da situação anterior, há outros tipos de mudança nos cenários dos negócios: são as mudanças de situações, de ambientes, de contextos e de cenários, que podem variar em minutos.

Basta você terminar de atender a uma reclamação de um cliente para, logo em seguida, entrar em uma forte negociação com um cliente dominante e com alto poder de compra. Ou, ainda, receber uma negativa para o suposto melhor negócio do ano e, depois disso, ter de continuar a visitar clientes como se nada tivesse acontecido. E assim por diante...

São mudanças muito rápidas e que devem ser percebidas com agilidade, para que você possa se adaptar a elas.

Já fiz uma reunião de consultoria mercadológica para uma distribuidora de medicamentos, em pé, encostado no balcão de uma padaria, tomando um café servido em copo e, uma hora depois, conduzi outra, desta vez com dois diretores e seis gerentes de uma grande e imponente empresa de manutenção industrial, com mais de quinhentos funcionários.

Já ministrei curso de atendimento ao cliente para pessoas iniciantes no mercado de trabalho, durante a tarde, e aulas na universidade, à noite, para uma turma de MBA de Gestão Comercial, com mais de trinta gestores de empresas de médio e grande porte.

Adaptar-se ao ambiente e às situações é fundamental e, até certo ponto, simples de fazer. É como analisar a previsão do tempo ao organizar uma viagem. De acordo com ela, você vai alterar as roupas e os equipamentos que colocará na mala.

TODA AÇÃO IMPLICA UMA REAÇÃO

Sempre teremos reações relacionadas com os comportamentos das pessoas com as quais interagimos, ainda que sejam reações comportamentais positivas, discretas e apenas mentais.

É importante entender que quanto mais você reage com intensidade proporcional às ações dos clientes, menores serão as chances de venda e maior seu desgaste.

Durante um treinamento para uma rede de lojas de confecções, uma moça que trabalhava no caixa de uma das unidades da empresa levantou a mão, pedindo permissão para falar e disse: "Eu

58   O vendedor inteligente

não gosto de cliente apressadinho. Quando ele diz que está com pressa, aí é que demoro. Faço isso só para ele aprender a esperar. Eu digo que o sistema está lento".

Essa lamentável reação caracteriza com perfeição, e de maneira simples, uma pessoa que luta contra algo que não mudará. E que gasta sua energia em uma situação que poderia aproveitar para usar a seu favor, aumentando as vendas.

Você já parou para analisar como estão suas reações em relação às ações e aos comportamentos de seus clientes? Elas são bem equilibradas? Ou, às vezes, você reage com emoção, sem perceber que está jogando fora uma grande chance de fechar uma venda?

Todos os vendedores deveriam compreender "a lei da ação e reação" e usá-la como parte de sua rotina. Perceber que os comportamentos pouco racionais atrapalham seus negócios e que reagir contra as ações de um cliente somente o afastará e o levará para os concorrentes.

De acordo com o tipo de reação de um vendedor, com relação às ações dos clientes, classifico os profissionais de vendas da seguinte maneira:

Vendedor "montanha-russa" O que vive entre altos e baixos. Sempre pensa algo como: gostei deste cliente, mas não daquele outro; está bom agora, logo vai ficar ruim. Às vezes, está alegre, outras vezes, triste. Em determinado momento está motivado, logo depois, desanimado...

Se você já circulou em uma montanha-russa, lembrará de que sempre se faz força para o lado contrário de cada movimento do carrinho. Quando a descida é forte, muitos fecham os olhos; na curva mais inclinada, apertam as mãos, segurando ainda mais firme; alguns gritam mais alto, outros pedem para descer ou parar – pedido irracional, bastando imaginar como seria se o carrinho freasse no ponto mais alto, porque alguém gritou isso.

Ou seja, o "vendedor montanha-russa" vive reagindo com emoção aos altos e baixos sofridos. Em suas vendas, faz solicitações, exigências e comentários fora da realidade.

Quando você reage de maneira emocional, perde o foco em seu objetivo principal, que é vender, e compromete seus resultados.

Vendedor "comandante de avião" O tipo racional e controlado, ao extremo. É uma pessoa altamente equilibrada, que quase nunca perde negócios por algum tipo de reação ou desequilíbrio emocional. O comandante está sempre com "cara de céu azul".

Você já imaginou as dificuldades de condução e pilotagem que um comandante pode enfrentar em um voo? Certa vez, fiz uma viagem de Belém até Macapá, enfrentando tempestade e turbulência durante todo o trajeto. Houve um momento em que, apesar de sentado, pensei que estivesse flutuando no ar, forçando o cinto de segurança ao máximo. Ouvi gritos de passageiros apavorados a cada turbulência mais forte. Felizmente, o pouso foi tranquilo e, ao me dirigir à saída da aeronave, lá estava o comandante na porta, junto com a comissária de bordo, saudando os passageiros e desejando um bom-dia, totalmente controlado, como se nada tivesse acontecido.

É bastante claro qual dos dois tipos de vendedor é o que pratica a venda inteligente, não é? E qual deles tem sempre os melhores resultados...

Venda inteligente é:

✓ Conhecer, entender, aceitar e saber contornar as adversidades de seu ambiente de trabalho, adaptando-se às diferenças do mundo dos negócios e conseguindo, assim, enxergar as oportunidades.

✓ Canalizar e concentrar seus esforços mentais a favor dos objetivos de vender cada vez mais.

✓ Estar sempre, em termos estratégicos, um passo à frente de seu cliente e de seus concorrentes.

A IMPORTÂNCIA DE TER UM MÉTODO PARA RESOLVER PROBLEMAS

Você está acertando com convicção ou vendendo por tentativas?

Quando vende bem, sabe exatamente quais as técnicas que utilizou, para que depois possa voltar a aplicá-las? Você saberia repetir a receita de sucesso de uma venda nos próximos contatos com novos clientes?

Um cirurgião utiliza determinado método para operar todos os pacientes que tenham determinado problema. Se ele não tivesse um método, como ensinaria aos médicos-residentes? Ou como teria certeza de que o que faria na próxima cirurgia daria certo?

Os engenheiros civis usam artifícios, e até técnicas diferentes, para construções distintas, mas sempre dispõem de um método de base, para dar segurança e funcionalidade à construção.

Empresários adotam métodos específicos para formar seus preços de venda. Assim, sempre que se faz necessário calcular um novo preço, eles utilizam a mesma metodologia, garantindo a margem de lucro.

Levando isso em conta, e para que você não desperdice seu tempo em tentativas e erros, quero lhe apresentar em detalhes meu *método da venda inteligente*. Como consequência, você terá mais tempo e liberdade para desfrutar uma vida mais agradável e prazerosa.

CINCO ESTRATÉGIAS INTELIGENTES PARA VOCÊ VENDER MAIS

 Na batalha no mundo dos negócios, todo o empenho tem de valer a pena.

No encerramento de um de meus treinamentos de vendas, em Goiânia (GO), uma empresária disse, com clareza, a todos os presentes: "Eu achava que sabia vender e que somente com minha boa vontade e minha intuição feminina chegaria muito longe. Agora, estou vendo que vendia apenas com minha sorte – e com a graça de Deus. Na verdade, eu não estava vendendo, os clientes é que estavam comprando de mim".

Aquela empresária percebeu que não utilizava estratégias para trabalhar. Contava apenas com sua enorme força de vontade e seu carisma para atingir melhores resultados. Só não sabia até quando aquilo funcionaria.

Se você olhar para os lados, qualquer semelhança percebida entre seus colegas não será mera coincidência.

Desde o início deste livro, tenho falado sobre a distância que separa os resultados obtidos dos desejados, para muitos profissionais de vendas .

Agora que já conversamos sobre os problemas que você pode enfrentar no mundo dos negócios, as diversas causas que podem limitar seus resultados e a visão geral das possíveis soluções, chegou a hora de "rechear o bolo": o momento de responder à pergunta que não se cala:

> **Para viver melhor com meus resultados profissionais, como faço para tornar minhas vendas mais inteligentes e meu trabalho mais lucrativo?**

As estratégias apresentadas a seguir não necessitam de aplicação na sequência de apresentação. Talvez nem seja necessário ou possível utilizá-las em todos os momentos. Entretanto, se você melhorar seu dia a dia de vendas por ter utilizado, no mínimo, uma das estratégias a seguir, parabéns. Você terá colocado parte do método deste livro em prática e, com certeza, terá colhido melhores resultados. Então, observe as cinco estratégias que compõem o *método da venda inteligente*:

1. *Adaptar-se ao que não muda*: sobrevive quem é mais flexível, não o mais forte.
2. *Lidar com situações de pressão*: muitas decisões ou comportamentos desastrosos ocorrem em momentos de pressão, quando as pessoas estão de "cabeça quente". Evite erros, aprendendo a lidar com esses instantes.
3. *Rever e planejar seu trabalho com frequência*: o tempo anda escasso para todos. Somente revendo a forma de atuar e tendo o hábito de planejar o trabalho é que se chega mais depressa aos objetivos, pois melhor do que a velocidade é saber a direção que se quer seguir.
4. *Transformar repetição de falhas em novos atalhos*: o passado pode ensinar os gatilhos e os segredos para facilitar o futuro.
5. *Treinar para transformar o que é difícil em fácil*: não há atividades difíceis, há falta de treino.

 Facilitando sua vida

Resumo deste capítulo:
- Amplie sua percepção sobre as mudanças e sua capacidade de se adaptar a elas.
- A velocidade maior ou menor com que as mudanças ocorrem e a baixa capacidade de percebê-las são fatores que dificultam nossas próprias mudanças.
- Mudanças que ocorrem de modo lento e constante são as mais imperceptíveis e, portanto, exigem mais sua atenção.
- Mudanças rápidas e bruscas, como a ocorrência de diferentes situações ou as distintas características entre diversos clientes e ambientes, também influenciarão mal seu desempenho, se você não souber conviver com elas.
- Para toda ação de seu cliente haverá uma reação sua. Essas reações precisam ser sempre equilibradas e coerentes, se você quiser ter sucesso em suas vendas.

- Vendedor "montanha-russa" é o que vive altos e baixos de comportamentos e sentimentos, o que muitas vezes atrapalha suas vendas.
- Vendedor "comandante de avião" é aquele profissional racional e totalmente equilibrado, que não perde o foco da venda, mesmo diante das situações mais difíceis.
- A essência da venda inteligente é conhecer e aceitar as adversidades do ambiente profissional. É saber se adaptar às diversidades do mundo dos negócios. E também estar sempre um passo à frente de seu cliente e de seus concorrentes, em termos de estratégia de vendas.
- Para um profissional diminuir falhas e aumentar seus resultados em vendas, torna-se fundamental a utilização de um método prático e de eficácia comprovada.

O que fazer no dia a dia, como profissional de vendas:

- Aumente sua capacidade de percepção das mudanças diárias, das trocas de cenários, das alterações de comportamentos dos clientes. Perceba suas diferentes necessidades, ainda que sejam com relação a um mesmo produto.
- Esteja aberto para a adaptação. Nunca acredite que seu sucesso no passado vai garantir o sucesso presente ou futuro. Esteja pronto para se adaptar a cada nova situação que se apresente e para aplicar estratégias diferentes, se necessário, mas que garantam suas vendas.
- Tenha um método para trabalhar de modo mais produtivo, com menos desgaste e que gere melhores resultados. Lembre-se: fazer uma venda inteligente é vender mais a partir de estratégias conscientes.

4. Estratégia 1: adaptar-se ao que não muda

Não lute contra coisas que não mudam. Adapte-se a elas.

A essência desta estratégia está em você desenvolver uma boa capacidade para identificar situações desagradáveis no mundo dos negócios, que dificilmente vão melhorar.

Depois de reconhecê-las, invista sua energia para neutralizá-las, adaptando-se a elas. Ou seja, fazendo com que essas situações não mais o atrapalhem, desmotivem ou desequilibrem.

Tenha bem claro em sua mente: não lute contra coisas que não mudam. Adapte-se a elas e evite que o impeçam de atingir seus objetivos. Se assim o fizer, vender mais será uma consequência.

Ministrei treinamentos em uma cidade com grande concentração de estrangeiros de determinado país, na qual havia uma cultura muito forte de comércio e as pessoas eram negociadoras natas. É claro que negociar naquela situação exigia muita estratégia por parte do vendedor.

Uma aluna insistiu em reclamar do cenário, dizendo que as pessoas daquela cidade dificultavam muito a realização de vendas. Então, mostrei a ela o que precisava para se adaptar e atender a esses clientes:

1. Ligar o radar para identificar a situação que se repetia e que não mudaria.
2. Criar as proteções psicológicas para não se desequilibrar emocionalmente durante a negociação.
3. Preparar argumentos e técnicas para se adaptar àqueles clientes.
4. Parar de querer mudar o jeito de ser das pessoas com quem negociava e não gastar tempo e energia com essas reclamações.

66 O vendedor inteligente

Agora, vamos estudar essa estratégia com mais atenção e detalhes.

SEPARE AS PESSOAS DOS PROBLEMAS

Tenho um amigo que é dono de uma loja de doces, em um shopping. Essa loja, apesar de agradável e adequada, possui espaço físico reduzido, com poucas mesas e cadeiras. Seus clientes, depois de comprarem os produtos, saem da loja à procura de uma mesa e acabam encontrando uma cafeteria, há poucos metros dali, com uma ampla área e, quase sempre, lugares vagos, nos quais acabam se sentando.

A proprietária da cafeteria não gosta desse comportamento. Por esse motivo, além de proibir que clientes com doces da loja ao lado utilizem seu espaço, ela não cumprimenta o proprietário da loja de doces.

Se a empresária separasse o problema do "uso indevido de suas mesas" da "mágoa que tem contra a pessoa do empresário de doces", poderia ser o ponto inicial para, juntos, iniciarem a busca de uma solução para o problema. Talvez algo do tipo: "compre um doce aqui e tome um café lá".

Como muitos profissionais não conseguem separar os problemas das pessoas, favorecem um clima ruim, com situações desagradáveis e prejuízos para todos.

Quanta mágoa, quanto desentendimento e ressentimento os profissionais enfrentam no dia a dia, por não saberem separar os problemas das pessoas?

Acompanhei uma cena em que um cliente, depois de ter tido problemas com sua nova TV, ofendia descontroladamente o responsável pela venda do produto. A história acabou em uma briga furiosa.

Ambos, cliente e vendedor, não souberam separar o problema das pessoas. O cliente não percebeu que o vendedor simplesmente comercializou a TV, não foi ele quem a fabricou. O vendedor, por sua vez, não foi racional a ponto de perceber que as ofensas não eram para ele, mas sim um desabafo de um cliente, descontente com o fabricante da TV.

O que se deve fazer em situações como essa? Lembrar-se de que todo comportamento, até o mais agressivo, possui por trás uma intenção positiva – algo como "querer ser respeitado". E entender que quem errou, assim o fez por não saber como fazer de outra maneira. Logo, ambos ficam abertos para um diálogo, o que levará à solução do problema.

É possível que um comprador já lhe tenha causado dificuldades. Ele pode ter alterado a data de um grande pedido e isso fez com que você não atingisse sua meta mensal, por exemplo. Como consequência, sua comissão diminuiu e você não conseguiu pagar todas as contas do mês. E o pior: cada vez que visita esse comprador, você se lembra da situação e sente algo ruim em relação a ele que, por sua vez, não sabe o mal que lhe causou por ter protelado a data de um pedido. Além disso, o clima fica ruim, dificultando o fechamento de novos negócios entre vocês.

No dia a dia das vendas, quando enrijecemos em uma negociação, por estarmos diante de um "cliente hostil", não estamos trabalhando de acordo com os princípios da venda inteligente.

Então, identifique detalhadamente o problema que está enfrentando e seja o mais racional possível, para não projetar em seus clientes frustrações, irritações e outros sentimentos. Separe o problema das pessoas, se você quiser que suas vendas cresçam.

SEJA DONO DAS SUAS EMOÇÕES

Já imaginou um profissional ficar furioso porque um cliente olha muito para o celular, durante uma apresentação de vendas, ou se desconcertar diante de outro que permanece com óculos de sol em ambiente fechado, como se não quisesse fitar seus olhos? Com certeza, uma reação dessas significa que o vendedor não é dono das próprias emoções.

O psicólogo Daniel Goleman, Ph.D. pela Universidade de Harvard, diz que é preciso dar uma pausa mental para nos fazermos sensíveis ao murmúrio subterrâneo de nosso estado de espírito, ou seja, dar mais atenção para nossos sentimentos.

> **Nossos sentimentos estão sempre conosco, mas raramente estamos com nossos sentimentos.**
>
> Daniel Goleman

Uma pessoa com pouca capacidade de reconhecer seus sentimentos fica refém de suas emoções e, por isso, em grande desvantagem nos desafios diários dos negócios.

Durante uma negociação para a compra de um móvel, disse ao vendedor que o concorrente dele estava me oferecendo um brinde. Em seguida, perguntei se ele também poderia me dar algum brinde, para fecharmos o negócio e ele respondeu asperamente, dizendo: "Eu não aumento o preço de um móvel para embutir e mascarar o custo de um brinde. Esse ai é o meu preço final". É claro que não fechei a compra naquela loja.

Quanta indignação e emoção desnecessárias devem existir no dia a dia daquele vendedor, que atrapalham seus fechamentos de vendas?

O trato com as pessoas, sem dúvida, é o maior desafio que um indivíduo tem de encarar, principalmente se for um profissional de vendas. E também empresário, engenheiro, arquiteto, advogado e tantas outras profissões, que requerem habilidades de relacionamento diário.

Uma pesquisa feita pela Fundação Carnegie mostrou que, inclusive em carreiras técnicas, como a engenharia, apenas 15% do sucesso financeiro de uma pessoa decorre dos conhecimentos profissionais. E que cerca de 85% corresponde à competência na "engenharia humana".

Reagir de modo impulsivo, sem utilizar filtros emocionais, sem identificar quanto você pode estar responsabilizando o outro pelos resultados negativos de suas escolhas, prejudica muito os negócios.

Quando seu modo emocional está negativo, pode realmente afastar os clientes. Por isso, o controle das emoções é que dá o equilíbrio e a concentração para manter a atenção no processo da venda.

Certa vez, apliquei um treinamento avançado para uma equipe de vendedores de telefonia celular. No momento dos depoimentos que os participantes dão, no curso, um dos vendedores pediu a palavra e disse: "Tem clientes que ficam se achando! Uma vez, estava negociando um novo plano, quando o cliente disse para eu dar um bom desconto para ele, alegando que costumava gastar quase mil reais em telefonia celular, mensalmente. Eu não aguentei aquela chatice e respondi, debochando: 'Ah, mil reais, é? Tenho clientes que gastam mais de quatro mil reais por mês'".

É evidente que fiquei muito decepcionado com a postura daquele vendedor. Ele perdeu grande chance de dizer algo que poderia inspirar seus companheiros.

Tem coisas que as pessoas sabem que não deveriam falar. Mesmo assim, falam... Por alguma razão incompreensível, optam por demonstrar seu desequilíbrio emocional, em vez de se esforçar para vender mais.

Assim, entenda: quem diz o que quer, ouve o que não quer. E, no caso da venda, é provável que ouça do cliente o que menos gostaríamos de ouvir, ou seja: "Não vou comprar".

Para ser realmente "dono" de suas emoções e vender mais, de maneira inteligente, aconselho-o a começar aguçando sua *percepção emocional*. Visando isso, uma estratégia excelente é seguir estes quatro passos, de acordo com o que diz Daniel Goleman:

1. Identifique as emoções que está sentindo e o porquê.
2. Perceba a ligação entre seus sentimentos, suas atitudes e suas falas.
3. Reconheça como os sentimentos afetam seu desempenho.

4. Crie uma orientação de comportamento a partir de seus valores e objetivos.

É perfeitamente compreensível e natural que você esteja se sentindo estranho ou desconfortável com o assunto de ser "dono" de suas emoções. Afinal, não fomos educados para isso. Ninguém nos preparou na escola, nem no ensino superior, para lidar com nossas emoções.

Contudo, quanto mais dono de suas emoções você for, mais resultados positivos virão, mais e melhores vendas ocorrerão e, com isso, poderá desfrutar melhor sua vida.

PRATIQUE A COMPENSAÇÃO DO PENSAMENTO NEGATIVO

Alguma vez, já aconteceu de você não gostar muito de uma pessoa, ou não se sentir bem com sua presença, sem saber o motivo?

Diversas pessoas já me perguntaram o que fazer quando não gostam de alguém, principalmente de um cliente.

Minha resposta para essa questão é: aplique a técnica da compensação do pensamento negativo. Ela é ótima para pessoas que pensam ou falam coisas como:

- ✓ "Meu santo não bateu com o dele."
- ✓ "Não sei o que é, mas não gosto dela."
- ✓ "Ele nunca me fez nada, mas não vou com a cara dele."

A orientação que dou vai no sentido de amenizar o sentimento negativo, para conseguir conviver melhor com aquelas pessoas de quem você não gosta, ainda que não saiba o motivo. E, principalmente, para conseguir vender, mais e melhor, inclusive para aqueles clientes com quem você sente que não tem muita afinidade.

A técnica se resume em criar um pensamento positivo sempre que se pensar algo negativo em relação a uma pessoa.

Se pensar algo ruim sobre alguém, imediatamente, imagine algo positivo sobre essa pessoa.

Imagine uma balança com dois pratos, como a que representa a justiça.

Quando você pensa algo negativo sobre o cliente, como "ele é muito prepotente", a balança pende para o lado negativo.

Então, imediatamente, pense em algo positivo, como "ele pode ser prepotente, mas deve ser muito carinhoso com os filhos". Nesse momento, a balança se equilibra.

Busque mais um pensamento positivo, como "ele parece ser uma pessoa inteligente. Afinal, tem três grandes empresas. Acho que posso aprender muito com esse cliente".

Agora, sua balança imaginária penderá para o lado positivo e tudo ficará melhor. O relacionamento entre vocês ficará mais fácil, a negociação será mais agradável e, provavelmente, vocês farão bons negócios.

Veja a representação gráfica do exemplo:

"Esse cliente só reclama. Não gosto de fazer negócios com ele."

"Mas ele sempre paga em dia e é bastante educado comigo."

"Se ele trabalha naquela grande empresa é porque deve ser muito competente."

Você também pode utilizar essa técnica com pessoas que, algum dia, cometeram algum erro com você, ou seja, que fizeram algo que lhe desagradou.

Antes de tudo, porém, lembre-se de que todos nós erramos – e muito. E não se esqueça de que, na maioria das vezes, erramos na tentativa de acertar.

USE MAIS MANEIRAS INTELIGENTES PARA LIDAR COM SEUS CLIENTES

Fico impressionado ao ver como determinadas características ou comportamentos dos clientes incomodam e desestabilizam alguns profissionais de vendas. É raro não haver pelo menos uma pessoa que me pergunte, durante os treinamentos de vendas, como lidar com algum tipo mais difícil de cliente.

Esse foi um dos principais motivadores pelos quais resolvi fazer uma pesquisa formal com centenas de profissionais, em que, entre outros assuntos, perguntei quais os comportamentos dos clientes que mais os desagradavam.

Os tipos de "clientes difíceis", relacionados na pesquisa, foram: indelicados; que desvalorizam o produto ou serviço oferecido; prepotentes; que desvalorizam o trabalho do vendedor; sem noção; mentirosos; detalhistas; ansiosos; apressados; que reclamam muito do preço; nervosos; que não são pontuais e não respeitam os compromissos agendados.

Os mais votados foram:

- ✓ 1º - Indelicados (sem educação).
- ✓ 2º - Que desvalorizam o trabalho do vendedor.
- ✓ 3º - Que desvalorizam o produto ou serviço oferecido.

Como uma das premissas da venda inteligente é estar sempre um passo à frente do cliente, nada melhor do que entendê-lo de modo mais adequado e saber como lidar com cada um de seus perfis.

Veja, a seguir, a descrição de alguns tipos e comportamentos de "clientes difíceis" e as orientações de como pode agir para tornar seu trabalho mais inteligente e produtivo, inclusive com os clientes mais complicados.

O cliente indelicado

Se o cliente "é" indelicado, age de modo mal-educado, não há o que fazer. É preciso entender que esse é o jeito dele.

Então, diga-me: seu negócio é vender ou educar os clientes? Será que um cliente sairia de casa para ir até uma empresa, escolher um vendedor, só para ser propositalmente mal-educado.

Ele é grosseiro com você, comigo, com os colegas, com os familiares, no trânsito ou onde quer que vá.

Como agir com ele

✓ Identifique-o, aceite que ele é assim e se adapte.

✓ Mentalize, diversas vezes, durante o atendimento: "Isso não é comigo". Crie uma proteção mental e não considere as ofensas como pessoais.

✓ Não revide agressões e, em hipótese nenhuma, aumente seu tom de voz. Lembre-se de separar as pessoas dos problemas e do equilíbrio emocional.

✓ Em último caso, se não estiver suportando a pessoa, peça licença, diga que dessa maneira não será possível continuar o diálogo e chame um colega ou superior. Se for uma visita externa, fale, com educação, que retornará outro dia ou que enviará outra pessoa. Sempre, porém, com classe.

✓ Jamais diga coisas do tipo: "Se você for mais educado comigo, poderemos conversar". Não dê ordens ao mal-educado, isso poderá ser pior.

O cliente prepotente

O prepotente ficou em quarto lugar na pesquisa sobre os tipos de clientes. É um dos piores comportamentos. Ninguém gosta de pessoas com essa característica.

Elas são poderosas, ou se acham assim, influentes, que abusam de sua posição ou autoridade. São pessoas que se sentem

74 O vendedor inteligente

autossuficientes, corajosas, costumam ser autoritárias, dominantes e acreditam que estão sempre certas.

Muitas vezes, o prepotente precisa falar de sua influência, dos bens que possui e dos lugares maravilhosos que frequenta. Ele gosta de aparecer e exibir suas condições (bens, conhecimentos, conquistas etc.).

De acordo com o filósofo John Dewey, a mais profunda das solicitações, na natureza humana, é o desejo de ser importante. Esse desejo pode gerar comportamentos prepotentes.

Como agir com ele

- ✓ Identifique-o, aceite que ele é assim e se adapte.
- ✓ Seja sua plateia, pois ele adora atenção.
- ✓ Faça elogios moderados e alguns comentários positivos sobre o que ele diz.
- ✓ Respeite e valorize o conhecimento que ele demonstra.
- ✓ Seja o mapa que leva esse cliente para a melhor solução, e ele não se sentirá forçado ou constrangido a nada. Melhor ainda, foi ideia dele!

O cliente sem noção

O cliente sem noção se comporta de forma imprevisível. Solicita vantagens absurdas em uma negociação. Tenta mudar as regras da empresa e busca exceções, o tempo todo. Em alguns momentos, costumamos dizer que ele "se faz de louco".

Leve em conta que esse tipo de cliente pode, sim, ser uma pessoa totalmente sem ideia sobre aquilo que está querendo comprar. E se você tiver a estratégia certa, ele comprará de você.

Como agir com ele

- ✓ Identifique-o, aceite que ele é assim e se adapte.
- ✓ Respeite suas colocações e ouça-o com seriedade, sem debochar de nada do que ele diz.

- ✓ Diga algo como: "Lamento, mas isso que você está solicitando não será possível; porém..."
- ✓ Não tenha preguiça de explicar e passar toda a noção que ele não tem sobre seus produtos e serviços, quantas vezes precisar.
- ✓ Evite comentários que evidenciem que ele não tem noção, como: "Todo mundo sabe que esse produto é assim. O senhor não sabia?"

O cliente detalhista

Esse cliente quer saber os mínimos detalhes e quais os impactos do produto ou serviço que está sendo oferecido. É alguém curioso e interessado. Esse cliente, por ser tão detalhista e fazer tantas perguntas, acaba sendo rotulado como "chato".

Analisando melhor, todos nós deveríamos ser mais exigentes e obter todas as informações e os detalhes sobre aquilo que compramos, não é? Quando investimos em algo, é importante saber que o gasto valerá a pena.

Como agir com ele

- ✓ Identifique-o, aceite que ele é assim e se adapte.
- ✓ Aumente o número de informações transmitidas, seja tão detalhista quanto ele.
- ✓ Fale sobre detalhes que poucos clientes perguntam.
- ✓ Mostre figuras, desenhos, manuais, certificações, processos e quaisquer outros materiais que você tenha à disposição.
- ✓ Redobre sua paciência.
- ✓ Pergunte sempre se ele deseja mais informações.

O cliente nervoso

Um cliente nervoso pode estar em um estado alterado de sua consciência, que pode ser causado por questões pessoais ou até por insatisfação com o produto ou serviço recebido. Isso pode ser observado em seu comportamento corporal, gestos e expressões faciais. O tom da voz, com frequência, está elevado.

É um comportamento que facilmente contagia o interlocutor, ou seja, você poderá ficar nervoso ao atender um cliente nesse estado, se não tomar os devidos cuidados.

Como agir com ele

- ✓ Identifique-o, aceite que ele é assim e se adapte.
- ✓ Jamais diga: "Acalme-se". Essa e outras expressões similares têm o mesmo resultado que jogar gasolina no fogo, tentando apagá-lo.
- ✓ Fale menos e escute mais. Use pequenas perguntas para estimular sua fala.
- ✓ Contagie-o com tranquilidade, falando de modo brando e calmo.
- ✓ Aja com empatia, utilizando palavras como "entendo", "imagino" ou "compreendo".

O cliente que desvaloriza seu trabalho

É bastante desagradável se sentir desvalorizado, principalmente quando nos dedicamos tanto em nossa profissão. Certos clientes depreciam nosso trabalho por, no mínimo, dois grandes motivos:

- ✓ Fazem isso como maneira de nos desestabilizar e obter vantagens na negociação.
- ✓ Não conhecem ou não entendem a fundo nosso trabalho, por isso o banalizam.

Como agir com ele

- ✓ Identifique-o, aceite que ele é assim e se adapte.
- ✓ Faça-o valorizar seu trabalho, explicando como funciona em detalhes e mostre o nível de complexidade e dedicação para ser realizado.

- ✓ Entenda e aceite que ele faz isso com todos, não somente com você.
- ✓ Verifique se, ao desvalorizar, não há algo por trás. Ou seja, pode ser uma forma indireta de pedir alguma vantagem na negociação.
- ✓ Não leve para o lado pessoal e lembre-se de que esse cliente sempre comprará de alguém. Então, que seja de você.

O cliente que desvaloriza seu produto

Imagine-se visitando um imóvel, com intenção de adquiri-lo. O atual proprietário está lhe apresentando as dependências, uma a uma. Você gostou muito e já pensa em lhe fazer uma proposta. Nesse momento, você elogiaria diversos detalhes do imóvel ou acharia algum defeito, problema ou objeção, já pensando em pagar menos pelo imóvel?

Muitos clientes utilizam a tática de depreciar o produto, para conseguir descontos.

Outro comportamento que muito desagrada se dá quando o cliente compara produtos ou serviços diferentes. É comum confrontarem somente o preço e não as características e os benefícios dos produtos e serviços em questão, cometendo verdadeiras injustiças.

Como agir com ele

- ✓ Identifique-o, aceite que ele é assim e se adapte.
- ✓ Compreenda que desvalorizar seu produto pode ser a tática de negociação daquele cliente.
- ✓ Não leve para o lado emocional as críticas que ele possa fazer em relação aos produtos e serviços.
- ✓ Quando o cliente falar algo ruim, não revide e mostre a ele outra coisa boa em seus produtos e serviços.
- ✓ Indique as diferenças entre produtos e serviços distintos que o cliente está comparando.

O cliente que reclama do preço

Apesar da grande quantidade de clientes que reclamam do preço, esse comportamento ficou em sexto lugar na pesquisa. É uma característica comum, previsível e aceitável. Quantas vezes você já reclamou do preço de alguma coisa e, ainda assim, comprou-a?

Como agir com ele

- ✓ Identifique-o, aceite que ele é assim e se adapte.
- ✓ Não se desestabilize. Lembre-se de que quando o cliente fala que está caro, não significa que não vai comprar.
- ✓ Apresente sempre três benefícios, antes de citar o preço.
- ✓ Não comente nada quando o cliente falar "Que caro!". Faça outra pergunta relacionada com o assunto.
- ✓ Lembre-se de que, de acordo com Willian Ury, em média, os clientes pagam até 30% acima do valor intencional inicial.

O cliente tímido, calado ou que demonstra indiferença

Estes são os que demonstram pouca ou nenhuma emoção, durante uma apresentação de vendas.

Deixam muitos vendedores inseguros, fazendo-os acreditar que não estão agradando, quando, na verdade, é apenas o jeito de se comportarem. Não demonstram o que pensam. Deixam as pessoas falando sozinhas. Abrem-se pouco e têm medo de tomar decisões. Não se impressionam muito com as vantagens do produto.

Como agir com ele

- ✓ Identifique-o, aceite que ele é assim e se adapte.
- ✓ Transmita-lhe confiança.
- ✓ Não o pressione nem espere muitas reações corporais ou verbais.
- ✓ Seja breve e não fale muito.
- ✓ Faça algumas perguntas sobre a opinião dele.

O cliente indeciso

Ele pode apenas "estar" indeciso com a variedade de opções disponíveis para compra. Ou é "sempre" indeciso, por ser uma pessoa insegura, que não se sente confortável para tomar uma decisão, seja sozinho seja em um tempo reduzido para seus padrões.

Talvez ele lhe pergunte algo como: "Se fosse você que estivesse comprando, qual dos dois modelos levaria?"

Isso é sinal de que confia em você, embora esteja preocupado com ele, não com seu gosto particular.

Como agir com ele

- ✓ Identifique-o, aceite que ele é assim e se adapte.
- ✓ Evite dar uma opinião pessoal, mostre as vantagens de cada opção.
- ✓ Quando você auxiliá-lo na escolha, justifique-a tecnicamente e com relação à demanda do cliente.
- ✓ Caso tenha certeza absoluta sobre qual produto o agradou mais, dê seu voto de decisão naquele produto.
- ✓ Não pressione o indeciso. Pergunte algo como: "Poderia me falar sobre sua incerteza?" ou "Além disso, o que mais gostaria de saber?"
- ✓ Enfatize que é um bom negócio e que foi a decisão correta.

Note que o primeiro item de como agir, em todos os casos, foi "Identifique-o, aceite que ele é assim e se adapte". É importante perceber que esse é um ponto que faz parte da essência da venda inteligente. Ou seja, uma das coisas mais importantes na venda é você saber quem é seu cliente e como deve lidar com ele.

Mais alguns comportamentos que valem ser citados e algumas pequenas dicas de como proceder:

Cliente protelador	Deixa tudo para amanhã. Mostre a ele as possíveis perdas em protelar a compra.
Cliente bem-humorado	Mestre em desviar o vendedor. Mantenha a atenção na venda. Cuidado: pode não ser uma venda fácil.
Cliente desorganizado	É confuso, volta atrás e é imprevisível. Registre por escrito o combinado.
Cliente desconfiado	Acredita em pouca coisa. Seja firme e apresente fatos e números reais.
Cliente atrasado	Reforce a importância do horário marcado. Não se descuide somente porque seu cliente não é pontual.
Cliente apressado	Vivemos no mundo do "tudo ao mesmo tempo, agora". A exceção será quando o cliente não estiver apressado.

 Uma das premissas vitais da venda inteligente é você estar sempre um passo à frente do cliente. Entendê-lo bem é a melhor maneira de fazer isso.

Certamente, cada cliente que você atende apresenta um mix de comportamentos, com predominâncias mais ou menos visíveis. Por isso, essa lista não termina aqui.

Para ser mais objetivo, não escrevi sobre os tipos agradáveis de clientes, que, felizmente, são muitos. Clientes simpáticos, alegres e decididos são bênçãos na vida do vendedor. Com eles, apenas precisamos cuidar de atendê-los bem, com naturalidade, e torná-los fiéis.

Contudo, independentemente de qual o tipo de cliente e de suas características predominantes, há alguns comportamentos fundamentais e infalíveis para utilizar com todos eles:

- Jamais discuta com o cliente ou queira ter a última palavra. Você não ganhará um troféu por provar que estava com a razão.
- Nunca grite ou fale mais alto que o cliente.
- Tente sempre fazer amizade com o cliente.
- Lembre-se de que você deve ficar do lado do cliente e não contra ele.
- Não pense ou aja como um derrotado, em nenhuma hipótese.
- Fale com o cliente sempre sobre o que interessa a ele, não a você.
- Aceite a diversidade e torne-se um especialista em pessoas.

Se há algum segredo de sucesso, disse Henry Ford, ele consiste na habilidade de aprender o ponto de vista de outra pessoa e ver as coisas tão bem pelo ângulo dela como pelo seu.

É lamentável que o "eu" venha sempre antes nos relacionamentos e nas negociações – como nos ensina Roberto Shinyashiki, as pessoas estão sempre interessadas nelas, acima de tudo. Isso dificulta muitas coisas, em especial as negociações de vendas.

Quem trabalha na área precisa de um cuidado especial em relação a isso. Para um vendedor, durante a negociação, o cliente tem de ser o mais importante e sempre ficar com um sentimento de ganho.

Por isso, quero chamar sua atenção para a questão do relacionamento com os clientes. Veja a representação gráfica na página seguinte.

Se fosse possível dosar a intensidade de intimidade no relacionamento com o cliente, o nível ideal ficaria entre 50% e 80%. Como você percebeu, na ilustração, os extremos podem atrapalhar o relacionamento e, por consequência, seus negócios.

Concluindo, seja realmente dono de suas emoções, considere a escala da relação com seus clientes em seu dia a dia e tenha certeza de que assim você estará tornando sua venda mais equilibrada e inteligente.

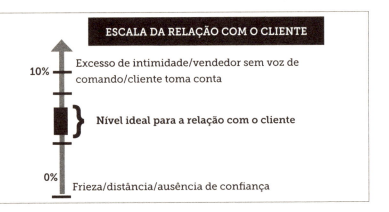

Resumo da estratégia 1: adaptar-se ao que não muda

- Identifique as situações com as quais você luta, ou que lhe incomodam, e que raramente mudarão.
- Não lute contra coisas que não mudam. Adapte-se a elas.
- Como se adaptar ao que não muda:
  - Separe as pessoas dos problemas: mire na solução.
  - Controle suas emoções e suas reações: seja estratégico e racional, fale o que é preciso ser falado e não o que você gostaria de falar.
  - Pratique a compensação do pensamento negativo: quando estiver pensando algo ruim sobre alguém, imagine duas ou três coisas boas que ele é ou faz.
  - Use maneiras mais inteligentes para lidar com os comportamentos de seus clientes: atenda-os e trate-os como eles gostariam de ser tratados e não como você gostaria de tratá-los.

5. Estratégia 2: lidar com situações de pressão

Suas melhores decisões estão longe
dos momentos conturbados.

Há algum tempo, quando ainda trabalhava com propaganda, eu atendia um cliente extremamente exigente e detalhista. Por um lado, essa situação é ótima, pois nos faz crescer e buscar o melhor de nós. Por outro, pode nos levar mais depressa ao limite e a fazer coisas de que podemos nos arrepender depois.

Esse cliente tinha pressa para receber seus impressos, pois ia participar de uma feira. Quando recebi a prova da gráfica (uma amostra de como ficariam todos os milhares de impressos), fiz a análise do material e, para apressar a produção, resolvi mandar imprimir sem a prévia análise e aprovação do cliente, pois a meu ver estava tudo correto.

Dois dias depois, ao receber os impressos, o cliente reprovou o tom da cor e rejeitou todo o material. Depois de muita negocia-ção com a gráfica, consegui um desconto para a reimpressão. Lá mesmo, de dentro da produção da gráfica, furioso e com a cabeça quente, liguei para o cliente para explicar tecnicamente o ocorrido e informar que deveríamos ratear a despesa da nova impressão. O cliente reagiu com desagrado e o resultado da ligação foi péssimo.

No dia seguinte, refeito, fiz um cálculo de quanto me custaria por ano perder aquele cliente exigente e comparei com o valor to-tal da nova impressão. Solicitei ao cliente uma reunião e, pessoal-mente, assumi todo o erro e as despesas decorrentes.

Concluí que, por estar assoberbado de trabalho, soterrado de compromissos e com a pressão do prazo de entrega, tomei duas desastrosas decisões: aprovei um trabalho sem mostrar para o cliente e tentei fazê-lo pagar por uma falha minha. Para tomar duas péssimas decisões como essas, é óbvio que estava me sentindo no meio de uma tempestade furiosa, sem perceber.

Decidir em meio a uma tormenta nunca é a melhor opção.

É sempre muito difícil sair de uma delas. Pior ainda é querer decidir nessas condições. Dentro da tempestade, as pessoas ficam desorientadas, desesperadas, não enxergam a saída, machucam-se, perdem coisas materiais, não sabem para que lado ir, tentando se salvar e, na maioria dos casos, tomam decisões que lhes custam a vida ou o sucesso nos negócios.

De modo comparativo, na área profissional, é claro que quando a pessoa está imersa em situações de sobrecarga de compromissos, prazos e pressões, pode ter reações emocionais que prejudicam a reflexão e a tomada de decisões e, assim, geram grandes perdas.

Agora, imagine a seguinte situação: você está com pedidos atrasados e a caixa de e-mails lotada, seu computador está instável, travando a todo momento, os orçamentos estão atrasados, alguns clientes querem devolver as mercadorias adquiridas, você recebeu duas multas por falar ao celular enquanto dirigia. Precisa preparar um relatório complexo de encerramento do mês para seu diretor e não sabe por onde começar, além de estar há quase dois anos sem férias.

Com um cenário desses, é possível ser criativo ou tomar decisões sensatas e inteligentes? Certamente, você respondeu que é quase impossível. E com toda razão, pois esse é um exemplo de alguém que está no "meio de uma tempestade, submetido a uma provação intensa".

Talvez você já tenha participado de uma reunião de trabalho, na qual a equipe estava com impasses e dificuldades para encontrar a solução para um problema. Nisso, um colega se levanta e diz que vai fazer mais café. Minutos depois, ele volta com a bebida e a solução do problema. E diz algo como: "Gente! Eu estava lá, fazendo o café, e tive uma ideia para resolver esse problema!"

O que aconteceu? Milagre? Não, ele saiu, sem saber, do "meio da tempestade" e tudo ficou mais claro.

Minhas melhores ideias e decisões sempre vieram em momentos diferentes, como ao assistir a um filme, correr, caminhar, dirigir e até tomar banho. Também consigo ter melhores percepções na manhã posterior ao dia do temporal.

Uma tempestade não chega sem sobreaviso. Assim como seu dia a dia não se transforma em um inferno de uma hora para outra. A pressão vai aumentando, a rotina vai ficando turbulenta e complicada aos poucos, cada dia pior, e você não percebe que está entrando no meio de um provável dilúvio.

É como dirigir na neblina. A visibilidade é mínima e, às vezes, é necessário estacionar em local seguro e aguardar. A estrada está lá, só não conseguimos enxergá-la.

Em nossa rotina ocorre o mesmo: as respostas estão lá, porém, as agitadas influências externas e internas impedem que as enxerguemos.

Dentro da tempestade, reagimos por instinto. Fora dela, analisamos e planejamos com clareza.

IDENTIFIQUE QUANDO A SITUAÇÃO ESTÁ TENSA ALÉM DA CONTA

Uma verdadeira tempestade dá sinais quando se aproxima. Em geral, há mudança de temperatura, ventos mais fortes e nuvens escuras passam a ocupar o horizonte.

Fazendo um paralelo, notamos que raramente uma empresa quebra da noite para o dia. Uma sequência de fatores negativos ao longo de um período é que poderá levá-la à falência. Antes disso, porém, serão percebidos diversos sinais, que indicam que as coisas não estão indo nada bem. Se a falência ocorrer, não será uma surpresa.

No dia a dia profissional, acontecem cenários semelhantes. A situação fica insustentável aos poucos, chegando até a transmitir a ideia de que será algo passageiro, como uma rápida e simples chuva de verão. No entanto, o temporal não passa e se transforma em uma enorme tormenta.

Muitos podem estar dentro de uma tempestade, sem perceber, pois os fatos acontecem de modo gradativo e as situações difíceis chegam aos poucos, obrigando as pessoas, com isso, a dar um jeito de se adaptar e achar que tudo faz parte da rotina.

Quando ela vem, mais forte, não há como negar. E é muito simples ter a certeza de sua presença: quando se tem vontade de jogar tudo para o alto e sair correndo, fugir de tudo. Você está envolto por uma tormenta quando não tem vontade de fazer coisa nenhuma, perde a paciência com as pessoas com rapidez e, principalmente, deixa de ser criativo e abandona a capacidade de tomar decisões inteligentes e estratégicas. Sua aptidão de visão sistêmica fica reduzida – afinal, no meio da tempestade a visibilidade é quase nula.

Portanto, quando você sentir vontade de lagar tudo, não enxergar saídas, desanimar, achar que não é mais o mesmo, sentir-se cansado de tudo e de todos, aumentar suas falhas e seus tropeços, tomar decisões equivocadas, cometer falhas e descontroles frequentes e tudo o que já foi citado antes, saiba que você se encontra no olho do furacão.

Estar vivendo isso pode ser uma situação, um dia ruim, um mês terrível, um relacionamento desastroso, um emprego conturbado que não lhe faz bem. Ou seja, qualquer coisa que impeça de enxergar os melhores caminhos, que faça acreditar que a situação atual é a única opção, que torne uma pessoa desacreditada, que a faça perder as esperanças e a prejudique nos momentos de tomar decisões.

Envolto pelo vendaval, você passa a não acreditar que existem meios melhores de fazer o que precisa ser feito. Acredita que é normal trabalhar muito e obter resultado mediano.

SAIA DO MEIO DA TEMPESTADE

O que as pessoas fazem quando vão enfrentar uma chuva torrencial? Por já ter as previsões, elas se equipam, buscam abrigo adequado e aguardam até que ela se dissipe.

Veja agora o que você pode fazer para sair do meio das tempestades nos negócios:

Três pensamentos antes de agir

✓ *Primeiro* – Perceba seu desequilíbrio emocional e o ambiente que o cerca e tome consciência do mau tempo que se apresenta.

✓ *Segundo* – Analise se a decisão ou a atitude imediata é sua melhor e única opção.

✓ *Terceiro* – Pense nas possíveis consequências de sua decisão. Tente ser mais racional do que emocional.

Em quantas ocasiões você já pensou duas vezes antes de agir e sua segunda opção foi diferente e mais adequada do que a primeira? Imagine, então, se você pensar três vezes, como isso vai melhorar seus resultados.

Com frequência, nossa primeira atitude é mais emocional ou inconsciente. Assim, continue pensando; pense várias vezes antes de agir. E, com certeza, suas chances de acertar serão ainda maiores.

REAJA COM OBJETIVIDADE E FOCO

Talvez você esteja se perguntando: "E quando a tempestade é mais longa e não se dissipa em poucos dias, o que fazer?"

Existem fases complexas na vida e que, de fato, custam a passar. Conciliar trabalho, estudos, filhos, viagens, familiares adoecidos, entre outras situações, é algo complexo para ser enfrentado. Por isso, uma postura realista e centrada costuma ser necessária.

1. *Tenha certeza de que sempre existem boas saídas* – Acredite sempre que não há dificuldade que dure para sempre. Ela só se prolonga enquanto você permitir.

2. *Seja consciente da tempestade que está para enfrentar, se ela é longa, demorada e se demandará ajuda para consertar o que des-*

truiu – Lembre-se de que o momento confrontado, ainda que longo, também é passageiro. E que o controle de suas atitudes e seus comportamentos deve ser redobrado. Desligue o piloto automático e permaneça atento ao que acontece em volta. Aja com consciência e determinação, sabendo que está atravessando uma fase complexa, mas que pode ser resolvida e corrigida.

3. *Busque auxílio* – Depois de reconhecer que uma tempestade é longa, peça ajuda. Deixe de lado a vaidade, o orgulho e a autopiedade. Converse com amigos, familiares, colegas de trabalho, cônjuge e profissionais especializados. Peça opiniões, ouça diversos pontos de vista sobre a situação. Não se esqueça: quem está de fora vê melhor.

Somente suas decisões e seu comportamento adequado serão capazes de tirar você do meio da tempestade. Portanto, não insista em fazer as coisas de sempre e de maneira semelhante. Encare a necessidade de mudanças e faça acontecer todas as que possuam poder de contribuição para a resolução de suas dificuldades.

Resumo da estratégia 2: lidar com situações de pressão

- Quando estão de cabeça quente, as pessoas têm dificuldades de tomar as melhores decisões. Portanto, é fundamental que você:
    - Identifique quando a situação está tensa além da conta, ou seja, quando você está no meio da tempestade.
    - Procure perceber e sair do centro da tormenta para tomar decisões melhores e mais equilibradas;
    - Reaja às adversidades com objetividade e foco.
    - Jamais desista. A saída pode estar muito mais próxima do que você pensa.

6. Estratégia 3: rever e planejar seu trabalho com frequência

Se você continuar a fazer as mesmas coisas de sempre, seus resultados serão MENORES. Seus concorrentes, por outro lado, estão fazendo coisas diferentes a cada dia.

Até 2008, eu trabalhava, no mínimo, doze horas por dia, chegando a dezesseis, às vezes. Usava sempre os três turnos do dia. Trabalhava quase todos os finais de semana e, ainda assim, sempre tinha pendências ou algum trabalho atrasado.

Um de meus maiores clientes na época era uma grande empresa de consultoria e treinamento, com atuação nacional. Uma fantástica instituição que me proporcionou muitas oportunidades de aprendizado e crescimento, pela qual tenho profundo respeito e admiração e que, felizmente, ainda é um grande parceiro de trabalho.

Por ser sempre muito dedicado, responsável e apresentar resultados positivos, à medida que os anos foram se passando, essa empresa confiava mais em meu trabalho e me contratava cada vez mais para realizar consultorias, treinamentos e palestras nas áreas de vendas, atendimento, negociação e administração de marketing.

Naquele tempo, eu tinha grande receio de recusar aquelas demandas e ficar com pouco ou nenhum trabalho em um ou outro mês. Por isso, aceitava 100% das solicitações. Até quando minha agenda estava praticamente lotada.

Com o modo de trabalhar *full time* ligado, faltava-me tempo para dar mais atenção aos demais clientes, prospectar novos projetos e ainda não encontrava espaço para ler mais, informar-me e participar de treinamentos. Eu só operacionalizava o dia a dia.

90 O vendedor inteligente

Por não saber dizer não, trabalhava com prioridades equivocadas, o que limitava meus resultados.

Foi então que, olhando para trás, percebi que já fazia uns quatro anos que vinha trabalhando acima de meu limite, sempre daquela maneira, atingindo quase todos os meses igual faturamento.

Concluí que se prosseguisse assim, meus resultados seriam idênticos ou poderiam piorar, pois os concorrentes estavam fazendo coisas diferentes para evoluir – e eu não.

Comecei a fazer um planejamento forte e difícil, pois envolvia aumentar minha capacidade de dizer não para alguns clientes e, com isso, buscar outros contatos e novos negócios.

Entretanto, conquistar novos níveis de clientes não é algo simples. A vista que se tem do alto do pico de uma montanha é fantástica, mas o caminho para chegar até lá pode ser bem trabalhoso.

Iniciei uma revisão de minha maneira de atuar e, após seis meses, depois de substituir estratégias fracas e outras, incompatíveis com a realidade, quase consegui dobrar meu valor por hora de consultoria e treinamento. Aquilo me deu força e energia para perceber que estava bem ancorado e que poderia sair para navegar mais longe: o horizonte era favorável e não tão assustador como eu imaginava.

Em outras palavras, percebi que para realizar mais com menos, multiplicar meus resultados e, como consequência, viver melhor, era preciso usar mais a inteligência, revendo e planejando meu pensamento e meu trabalho.

Notei, também, que trabalhar mais horas por dia não tinha relação direta com maior faturamento. Ter mais clientes não implicava aumentar a comissão no final do mês. Observei que durante muito tempo estive marchando, sem sair do lugar.

Naquele momento, conscientizei-me de que todos os esforços e sacrifícios realizados deveriam valer a pena. Caso contrário, não estaria sendo justo comigo. Deixe-me repetir isso, porque é algo muito importante para você ter em mente:

> **Todos os seus esforços e sacrifícios têm de valer a pena. Caso contrário, você não estará sendo justo consigo.**

E você? Já parou para pensar se seus sacrifícios estão valendo a pena? Observe um técnico de futebol que, ao ver seu time perder, no primeiro tempo, altera a estratégia no intervalo, substituindo jogadores e mudando sua postura tática, com o objetivo de vencer a partida. Uma indústria, ao perceber problemas com seus insumos, substitui os fornecedores. Procuramos outro médico ao verificar que o tratamento indicado não surte o efeito desejado. Mudamos de residência para resolver problemas de espaço, localização, vizinhança, entre outros.

Em geral, quando há algo errado ou em desconformidade, a tendência lógica é buscarmos soluções, tomando as providências necessárias.

Então, por que as pessoas demoram tanto para rever e planejar melhor suas estratégias e seus métodos de trabalho?

Há seis motivos principais para isso ocorrer:

1. As pessoas aceitam que errar com frequência faz parte do jogo.
2. Não enxergam que estão no caminho errado ou que existem rotas alternativas à atual escolhida.
3. Não percebem que a maneira de trabalhar e de se organizar está em desconformidade com as necessidades do mercado.
4. Não notam que seu sucesso no passado pode mascarar ou banalizar sua estagnação no presente.
5. Não verificam que os baixos resultados de outros profissionais transmitem a falsa sensação de que elas próprias estão indo bem.
6. Muitas pessoas tendem a ser mais "fazedoras" do que "planejadoras". Ou seja, primeiro fazem, para depois analisar os im-

pactos e as possíveis consequências de suas ações. Em outras palavras: planejam pouco e realizam menos ainda, conforme o planejado.

É uma boa hora para parar e verificar se você está utilizando os melhores estratagemas e meios para trabalhar e atingir seus objetivos, respondendo a algumas perguntas e refletindo sobre elas:

1. Há quanto tempo você vem trabalhando da mesma maneira, fazendo as mesmas coisas, do mesmo jeito?
2. Você faz planejamento anual?
3. Você faz planejamento semanal e diário?
4. Caso faça algum tipo de planejamento, você executa o que planejou ou na hora de realizar pratica somente algumas partes do planejado, deixando outras de lado – ainda que sem ter boas justificativas?
5. Como anda sua gestão do tempo? E sua organização do dia a dia?
6. Quais são as coisas que, com alguma frequência, dão errado em sua rotina?
7. Quais assuntos são planejados e sempre ficam para depois?
8. O que você poderia fazer melhor e diferente para aumentar seus resultados hoje?
9. O que você ainda não faz, mas poderia começar a fazer para aperfeiçoar seu desempenho profissional?
10. O que você costuma fazer que prejudica seu desempenho profissional e que poderia parar de repetir?

No site: http://*www.ricardolemos.com/livro*, você encontrará o formulário disponível para download, com diversos exemplos, para que possa registrar suas respostas.

Planejar para vender é tão fundamental quanto pôr combustível em um automóvel para ele funcionar.

Depois de refletir sobre seu modo de trabalhar, veja alguns caminhos para ampliar a visão de suas vendas, planejar melhor sua rotina, facilitar sua organização e gerenciar seu tempo.

USE SEU TEMPO COM INTELIGÊNCIA

É provável que você conheça pessoas que criam estratégias para atingir seus objetivos e que, durante a execução, influenciadas por outras pessoas, acabam realizando só parte do planejado, ficando o resto no improviso. Falta comprometimento com o que foi previsto e não cumprido. Em cima disso, vamos falar um pouco mais sobre planejamento e tempo.

Planejar

- Quantas vezes planejamos uma viagem e, durante ela, fazemos coisas que não havíamos pensado e não fazemos outras que tínhamos previsto?
- Quantas vezes planejamos nosso dia e, logo pela manhã, acontece um imprevisto e não realizamos aquilo com que havíamos nos comprometido?
- Você já parou para pensar como está seu nível de comprometimento com aquilo que você planeja?

Conclusão: Se com um planejamento já é difícil atingir os objetivos, imagine o que a falta de compromisso com ele ou sua ausência pode nos causar.

Três dicas fáceis para planejar seu dia e sua semana
1. **Relacionar tarefas** – Elabore uma relação de tudo o que é necessário fazer e tudo que seria interessante realizar durante a semana.

94　O vendedor inteligente

- Adicione sempre prospecções de novos clientes, contatos com algum cliente inativo ou alguma atividade extra, relacionada com seu trabalho, para aumentar as possibilidades de gerar mais e melhores negócios.
- Verifique quais atividades elencadas você pode excluir ou delegar.

2. **Priorizar** – Priorize sua relação. Não por ordem do que você gosta de fazer, ou do que é mais fácil, mas por ordem de urgência e necessidade.

3. **Distribuir** – Distribua as tarefas relacionadas ao longo da semana considerando contratempos e alguns ladrões de tempo, como trocas de mercadorias, reclamações de clientes, trânsito lento, atraso de voos, reuniões prolongadas e diversas dificuldades comuns e prováveis.

Lembre-se: seu plano poderá ter pouco sucesso se você não considerar o inimigo e as questões externas. Não acredite que tudo será como você planejou. Tenha um plano B, sempre.

O planejamento pessoal sempre pode melhorar

Tive uma namorada que reclamou, uma vez, com razão, que eu nunca combinava nada com ela com antecedência, era tudo em cima da hora. Eu me justificava, dizendo que não sabia como seria o trabalho nas próximas semanas e meses. E, assim, não assumia compromissos com antecedência, inclusive nos finais de semana.

Enquanto não passei a escrever meu planejamento pessoal, deixei de fazer muitas coisas particulares. Claro, primeiro fazia as tarefas e atividades profissionais mais urgentes e importantes. Como, na maioria das vezes, faltava-me tempo, acabava cancelando a academia, o *cooper*, o cinema, o jantar em casa com a família ou com os amigos, os passeios e as viagens. O resultado era um sentimento de frustração e incapacidade, pois pensava fazer algo agradável e não conseguia, por não sobrar tempo.

> A agenda particular é uma das maiores fontes de energia e motivação para nossas realizações profissionais. Determine-a e respeite-a.

Usando a lógica, concluí que algo estava muito errado. Como desenvolver uma atividade profissional de modo mais inteligente, achando-me desmotivado e com sentimento de incapacidade? Para que trabalhar tanto, se não tinha tempo para aproveitar o mínimo possível junto com a família e os amigos? Para que tanto esforço, dedicação e desgaste?

A agenda pessoal é tudo! Você precisa fazer coisas de que gosta, de vez em quando, ou melhor, sempre! Viver momentos que lhe deem prazer, com a máxima frequência possível. As atividades prazerosas arejam os pensamentos, carregam as energias e auxiliam direta e indiretamente para o aumento dos resultados no trabalho e na vida pessoal.

Seu grande desafio é achar o perfeito equilíbrio para dividir seu tempo entre atividades pessoais e profissionais.

Tenha sempre em mente que atividades pessoais não devem ocorrer somente quando sobrar um tempinho, pois em geral não sobrará tempo. Elas têm de ser planejadas, tanto quanto como você tem de planejar suas atividades profissionais.

Gestão de tempo

Quantas pessoas você conhece que reclamam da falta de tempo? Quantas vezes por semana ouve alguém dizer que não fez algo pela falta dele?

Sem dúvida, o tempo está cada vez mais escasso. A boa notícia é que ele é o mesmo para todos, inclusive para seus concorrentes.

Um levantamento feito pela Universidade de Hertfordshire, com a colaboração do Conselho Britânico, analisou o ritmo de vida em 32 cidades ao redor do mundo. O estudo, chamado Quirkology, revelou que as pessoas estão caminhando 10% mais depressa do que há uma década, quando foi feita outra pesquisa que utilizou igual metodologia. Por curiosidade, os pedestres mais apressados foram encontrados em Cingapura, Copenhagen e Madri. Os moradores de Curitiba ficaram em sexto lugar, à frente inclusive dos de Nova York.

Hoje, é comum um cliente ou colega de trabalho lhe enviar um e-mail, por exemplo, às 9 horas, e, meia hora depois, repassar um SMS pelo celular. Como não obteve resposta, depois de ligar para seu telefone fixo, ele aciona seu celular, às 10 horas, dizendo: "Olá! Estou ligando para dizer que lhe enviei um SMS há meia hora, avisando que passei um e-mail às 9 horas... Você recebeu?"

Afinal, o que está acontecendo? Que pressa e ansiedade são essas? Como vivíamos antes, sem celular, e-mail, internet, redes sociais? Quer mesmo saber? Sob o ponto de vista do imediatismo, vivíamos bem melhor, pois não era a época do "tudo ao mesmo tempo, agora".

Durante muitos anos, enquanto não tínhamos tantas urgências ou nosso tempo não era tão comprometido, ele era suficiente para tudo e mais um pouco. À medida que fomos aumentando nossas responsabilidades e nossos compromissos, parece que o relógio foi girando mais depressa.

Só para você ter uma ideia de como a tecnologia transformou nosso entendimento de velocidade, quero abrir um parêntese para citar uma matéria da revista *Superinteressante*, feita em 2005, pelo jornalista Sérgio Gwercman. Intitulada "Tempo: cada vez mais acelerado",[1] ela comenta que, segundo os pesquisadores James Tien e

---

1 Disponível em: http://super.abril.com.br/cotidiano/tempo-cada-vez-mais-acelerado-445560.shtml. Acesso em: 16 maio 2014.

James Burnes, em um estudo que compara 1897 e 1997, a sensação de tempo mudou. A conclusão à qual chegaram foi a de que para jovens com média de 24 anos, em 1997, o tempo se passava 1,08 vez mais depressa, e para pessoas na faixa dos 60 anos, 7,69 vezes mais depressa. Imagine como a disparidade desses números não deve ter aumentado com os últimos avanços.

Além disso, há também uma razão bioquímica: com o tempo, nosso corpo diminui a produção de dopamina, um neurotransmissor ligado a diversas funções do organismo, como movimento, memória, disposição etc.

Você já deve ter tido a impressão de que um ano é bastante tempo. E, certamente, já disse ou pensou: "Nossa! O Natal já está chegando de novo!" Ou seja, um ano voa e não é muito tempo coisa nenhuma.

Essa sensação é comum porque, em geral, utilizamos o tempo de maneira inadequada. Costumamos gastá-lo com atividades que nada têm a ver com nossos maiores sonhos e objetivos ou com nossa missão de vida. Isso resulta na sensação de que o tempo passou depressa demais e que não aproveitamos o suficiente. Afinal, desperdiçar tempo faz parte da natureza humana.

Não é possível parar o tempo, mas você pode melhorar sua relação com ele. Melhorando a maneira como usa seu tempo, você melhora a maneira como trabalha. E, ao fazer isso, está usando mais os princípios da venda inteligente.

Três pilares para a utilização ideal do tempo

1. Consciência

Tenha consciência de que o tempo é uma moeda Talvez você já tenha dirigido alguns quilômetros a mais para pagar um preço menor pelo combustível de seu automóvel. Em um tanque cheio você pode ter economizado uns dois litros com a diferença do preço. Contudo, quanto isso lhe custou na moeda do tempo? E o risco de acidente, de receber uma multa? E o tempo despendido em engarrafamentos? Quanto você ganhou, no intervalo em que se arriscou por um ou dois litros de combustível, que não pagaria um pastel com um refrigerante? Desperdício é colocar suas moedas em um cofre furado.

Imagine o que aconteceria com um hipertenso que descuidasse de sua medicação. Ou com qualquer tratamento médico que não fosse seguido corretamente. Problemas sérios poderiam acontecer e é por isso que as pessoas os seguem com rigor, não descuidando por nada – elas têm total consciência dos riscos implícitos em qualquer desatenção.

Com o tempo deveria ser a mesma coisa: as pessoas deveriam dar a devida importância a ele. Como, muitas vezes, elas acham que é algo gratuito e abundante, e que sempre terão tempo para fazer o que não fizeram, deixam de aproveitá-lo e investir de modo inteligente, que aperfeiçoaria seus resultados.

Percebo que muitos não se conscientizam do valor e da escassez do tempo e vivem encontrando desculpas para si, a fim de justificar suas "quebras de regras" e o péssimo uso das horas em sua vida.

Por isso, alerto você para aumentar a consciência do valor de seu tempo, tratá-lo como o bem mais precioso. Para mim, essa é uma atitude fundamental para o profissional de vendas. Tempo é algo que, quando você perde, não consegue recuperar.

Sua venda inteligente depende da importância que você dá ao uso do tempo.

Quanto mais consciência da importância do uso de seu tempo você tiver, maior será a probabilidade de utilizá-lo a seu favor.

2. Prioridade

Falta de tempo, na verdade, é falta de prioridade. Quem desperdiça tempo, é porque o tem disponível.

Quando não temos prioridades, fazemos o que vai aparecendo, sem pensar no direcionamento mais produtivo, sem foco, sem obter o máximo rendimento de nossas atividades.

Falta de tempo = falta de prioridade

Sabemos que nosso negócio é vender mais. Entretanto, vender mais o quê? Como? Até quando? Quais as prioridades?

Há anos, quando ia dormir, ficava pensando em todas as coisas que deveria fazer no dia seguinte e dizendo para mim mesmo: "Amanhã, não se esqueça disso, daquilo e daquele outro..."

Assim, já acordava cansado, pois passava a noite toda trabalhando minha mente, sem deixá-la descansar.

Você conhece alguém que faz isso também? Talvez esse alguém seja você! E então? Quer resolver isso e dormir melhor?

Quando já estiver deitado e começar a pensar nas responsabilidades do próximo dia, antes de dormir, sente-se em sua cama e escreva em um papel, ou em seu celular, todas as atividades do dia seguinte. Você pode até esquecer algo importante, mas papel e celular não se esquecem de nada. Enfim, poderá relaxar e dormir melhor.

Na manhã seguinte, será necessário apenas priorizar todas as atividades e os compromissos, por ordem de urgência. Um dos melhores palestrantes do Brasil, Roberto Shinyashiki, foi quem me ensinou. Ele chama esse procedimento de "fazer um download de suas ideias e pendências". Funciona muito bem.

Quem faz isso, ou algo semelhante, no final do dia costuma conferir sua lista, riscando tudo o que foi realizado. O pouco que ficou pendente ficará para a lista do dia seguinte. O melhor de tudo é ter o agradável sentimento de produtividade e dever cumprido.

Concentre-se em ser produtivo em vez de estar ocupado.

De maneira contrária, aqueles que não definem suas prioridades e, muito menos, fazem uma lista delas, chegam ao final do dia com um sentimento de improdutividade e estagnação – sem contar que, muitas vezes, acabam esquecendo uma ou outra tarefa mais

100 O vendedor inteligente

importante. No fim do expediente, elas costumam dizer algo como: "Hoje o dia voou, não rendeu e não fiz quase nada do que queria".

Mesmo que você ainda não faça o download de suas pendências, e ainda não viva a certeza de estar sendo o mais produtivo possível, depois de falar que o dia não rendeu, relacione tudo o que fez. Você perceberá que ele não foi totalmente improdutivo e poderá identificar os momentos e os pontos nos quais demorou mais. Com isso, observará como aproveitar melhor o tempo no trabalho.

O autor norte-americano, Stephen Covey, desenvolveu uma Matriz do Tempo (veja a tabela a seguir). Ele distribuiu as atividades em quatro quadrantes, conforme os critérios de importância e de urgência, que podem ser: urgente e importante; não urgente e importante; urgente e não importante e não urgente e não importante. O conceito da matriz do tempo foi muito difundido nas últimas décadas e utilizado por diversos teóricos e em cursos de administração de tempo.

Urgente e importante Exemplos:	Não urgente e importante Exemplos:
✓ Pagar a conta de luz que vence hoje. ✓ Finalizar o orçamento para apresentar na reunião de amanhã às 8 horas.	✓ Ligar para clientes inativos. ✓ Atualizar os dados do cliente no sistema.
Urgente e não importante Exemplos:	**Não urgente e não importante Exemplos:**
✓ Reservar mesa para almoço de hoje com seu cliente. ✓ Pagar a mensalidade do clube que vence hoje, para evitar multa.	✓ Responder e-mails de familiares. ✓ Leituras de lazer. ✓ Redes sociais particulares.

Seja realista e objetivo ao definir as prioridades e não protele atividades urgentes. Se há algo urgente a ser feito, faça agora. Se há algo importante para fazer, faça em breve, para que não entre na lista das urgências.

É simples! Faça valer a antiga frase: "Não deixe para amanhã o que você pode fazer agora".

3. Disciplina

Entrevistei um empresário de muito sucesso, de uma grande distribuidora. Ele foi representante comercial por mais de vinte anos, um grande vendedor. Perguntei a ele o que faria diferente em sua carreira, caso pudesse voltar atrás. Apesar de todo seu sucesso, ele respondeu que procrastinaria menos e aumentaria sua disciplina.

A palavra disciplina pode ser conceituada como o conjunto dos regulamentos destinados a manter a boa ordem em qualquer ambiente. A boa ordem é resultante da observação desses regulamentos. Disciplina é respeitar e cumprir um regulamento. E para melhorar sua disciplina, é você que cria e cumpre esse regulamento.

> **Stephen Covey diz que ser disciplinado é ter liberdade.**

Pode até parecer duro, mas a culpa pela falta de tempo é só sua. Por que atendeu ao telefone, se estava ocupado? Por que agendou uma reunião, se tinha pouco tempo naquele dia? Por que disse para seu superior que entregaria amanhã o projeto e, ao ver que seria muito difícil conseguir, não tentou negociar novo prazo? Por que interrompeu o desenvolvimento do orçamento para olhar seus e-mails? Por que dizer não em determinados momentos se tornou algo fora de questão?

> **Disciplina é ter foco. Ter foco é ter a capacidade de dizer não.**

Para melhorar sua disciplina, faça uma relação de tudo o que a ameaça no dia a dia. Coisas como telefone, internet, redes sociais,

102 O vendedor inteligente

família, amigos, colegas, ambiente de trabalho e o que costuma desviá-lo do foco. Depois de identificar as principais, procure neutralizá-las, determinando e respeitando horários para algumas delas e parando de fazer outras que você percebe que só lhe atrapalham.

Depois de aumentar a consciência relacionada com a importância do tempo, para aperfeiçoar a maneira como você trabalha, e passar a priorizar as atividades realmente importantes, é hora de colocar a disciplina em prática, a fim de garantir a melhoria do uso de seu tempo.

Você sabe, tanto quanto eu, que o futebol se tornou mundialmente reconhecido como o esporte favorito do brasileiro. E que o time pelo qual torcemos é o time do coração. Aconteça o que acontecer, somos fiéis a esse time, desde crianças, não é? E não trocamos de time por nada neste mundo. Se nosso time cair para a segunda ou a terceira divisão, estaremos sempre com ele. Isso quer dizer que sabemos ser fiéis.

Então, seja fiel às suas atividades do jeito que é com seu time do coração. Quando determinar que precisa fazer algo, vá e faça. Não crie mais desculpas e justificativas. Não sabote o planejamento ou desperdice seu tempo. Jogue a favor e não contra os resultados desejados.

Quer um exemplo, para praticar? Pense: quanto tempo você vai investir por dia para terminar de ler este livro e melhorar seus resultados em vendas? Está aí uma ótima oportunidade para começar a treinar a disciplina!

Elimine os ladrões de tempo de sua vida

Ladrão de tempo é tudo aquilo o que você faz e que não precisaria de fato fazer. Coisas que, caso não fizesse, não afetariam sua vida de modo significativo. Alguns ladrões de tempo são:

- ✓ *Leituras desnecessárias* – Reavalie tudo o que você lê, todos os dias. Selecione melhor suas fontes e leia coisas que são totalmente necessárias ou que lhe tragam algum benefício real.

- ✓ *Internet* – Navegar na internet é necessário, porém, cuidado com as ofertas, "clique aqui", "saiba mais" etc. É comum iniciar uma pesquisa no Google, profissionalmente, e, minutos depois, você se perguntar: "O que estou fazendo aqui, neste site?" ou ainda: "O que eu estava pesquisando mesmo?" Atualmente, os conteúdos de nosso interesse vêm até nós.

Logo, seja fiel às pesquisas. Resista e não clique onde você gostaria, apenas onde você precisa, naquele momento.

- ✓ *Redes sociais e celulares particulares* – Defina horários para utilizá-los, de preferência em seus intervalos. Afinal, refrescar a mente com outros assuntos é útil para sua produtividade. Cuidado para não ficar viciado nessas atividades, a ponto de comprometer o foco no seu trabalho.
- ✓ *Encontre mais vinte minutos por dia* – O que você faria com um dia a mais de trabalho por mês? Muita coisa, não? Então, economize vinte minutos por dia, seja acordando mais cedo ou sendo mais rápido em alguma atividade. Faça a conta:

$$20\ minutos/dia \times 6\ dias\ por\ semana = 2\ horas$$
$$\times 4\ semanas = 8\ horas = um\ dia\ a\ mais\ por\ mês.$$

- ✓ *Atividades em lote* – Quase sempre, as pessoas usam três ou quatro telas abertas em seu computador, simultâneas. Você não será produtivo se fizer várias atividades ao mesmo tempo, pois existe um tempo de preparação e retomada para cada tarefa.

Fazer uma atividade em lote é, por exemplo, pegar a relação de clientes e ligar para todos eles, um após o outro. Usar uma tarde inteira para fazer seus relatórios e alimentar o sistema ou planejar a próxima semana.

Há pessoas que pagam contas quase todos os dias. Isso consome muito tempo. Organize-se e faça esse tipo de atividade toda sexta ou segunda-feira. Vá ao banco ou acesse seu *bankline* uma vez só e faça tudo o que for preciso. É possível agendar pagamentos e autorizar débitos em conta. Ninguém vive sem água, luz e telefone. Pense: você prefere pagar essas contas todos os meses de sua vida ou autorizar o débito em conta?

 Mantenha sempre o foco!

Comece uma atividade e termine-a. Iniciou uma proposta para um novo cliente, não pare para ver e-mails ou verificar o saldo no banco. Termine uma atividade para começar outra. Não prejudique o próprio trabalho.

Identifique todas as atividades que você poderá fazer em lote. E quando for cuidar de cada uma delas, pare tudo o que está fazendo e só faça aquilo, como se fosse uma linha de produção em uma fábrica.

Uso de e-mail com inteligência – Veja algumas maneiras para usar melhor um dos maiores ladrões de tempo da atualidade e também uma das melhores ferramentas de trabalho para a área de vendas:

Sete dicas para usar o e-mail com mais inteligência:

1. E-mail não é *chat*: para bater papo ou desenvolver um diálogo, use o telefone ou ferramentas como Skype e WhatsApp, e não o e-mail.
2. Evite e-mails com cópia (CC) para diversas pessoas, quando o assunto não for totalmente relevante. Já recebi e-mail com cópia para onze pessoas e o conteúdo dizia simplesmente "ok". Isso não é nada relevante, concorda? Para as outras pessoas copiadas também não era uma informação necessária.
3. Determine horários para ler e responder e-mails. Exemplo: às 8 horas, às 11 horas, às 14 horas e às 17 horas. É ainda melhor se você

fizer isso uma vez por turno. Acredite, é possível e você terá mais tempo e liberdade para trabalhar mais e melhor.

Ninguém interrompe seu banho para fazer outra coisa ou atender um cliente. Então, por que muitos interrompem atividades para verificar seus e-mails a qualquer momento?

Desconsidere essa orientação, caso sua comunicação e ferramenta principal de venda seja o uso de e-mails. Nesse caso, você deve verificá-los com a maior frequência possível.

4. Leia e responda de imediato: quantas vezes você lê determinada mensagem e deixa para responder depois? Quantas pessoas criam uma pasta com "e-mails não lidos" ou "importantes"? Se for importante leia e responda imediatamente. Talvez você já tenha pensado em algo como: "Preciso de uns dois dias para colocar meus e-mails em dia!" Isso não está correto: e-mails devem ser um meio para facilitar seu trabalho e não a causa de um transtorno.

5. Troque o e-mail pelo telefone para assuntos simples: quando for escrever um, pergunte-se: "Posso trocar este e-mail por uma simples ligação telefônica ou um contato pessoal?" Se a resposta for sim, você já sabe o que deve fazer, certo? Se todos pensassem assim, as caixas de e-mails não viveriam tão lotadas. Crie esse hábito e motive seus contatos a fazer o mesmo.

6. Peça a resposta por telefone: oriente seus colegas para usar mais o telefone em casos de assuntos simples. Vejo muitas pessoas dizerem em ligações telefônicas: "Eu respondo por e-mail".

7. Diminua a preguiça: o e-mail é um meio de comunicação preguiçoso. Conheço pessoas que enviam um e-mail para clientes para perguntar se receberam o orçamento enviado por e-mail. Caso você faça isso ou algo semelhante, mude. Não perca a oportunidade de falar com o cliente. Esse é um caminho para fortalecer a relação de ambos.

106 O vendedor inteligente

Seguindo esses pontos, a comunicação será muito mais rica. Você terá a oportunidade de ser persuasivo e salientar detalhes do orçamento, além de perguntar se o cliente tem mais alguma dúvida e se o preço ficou dentro das expectativas dele. Já fechei muitas vendas por ter ligado para o cliente, depois de ter enviado orçamento.

Se você sentiu algum desconforto com essas novas ideias de trabalho com e-mails, não se preocupe com isso, é normal. Quando nos acostumamos a usar uma ferramenta de um único modo, como é o caso dos e-mails, sentimos dificuldades no início da prática de novos hábitos – ainda mais quando sua forma de uso é um consenso. Contudo, tente essas ideias e você verá boas mudanças.

Certa vez, ouvi uma advogada dizer, depois de procurar e não encontrar um documento: "Minha desorganização tem me custado muito caro. Ando perdendo muito tempo por não dar a devida atenção para organizar meus arquivos".

E você? Já parou para pensar quanto custa sua possível desorganização? Ou quanto ganharia sendo mais organizado do que já é?

Imagino que você saiba o que deve fazer para melhorar sua organização, não é? Logo, está mais do que na hora de passar a fazer o que precisa.

Escreva três motivos convincentes que comprovem que a metodologia usada até agora não precisa de correção, está completa e alcança o nível máximo de eficácia. Se não achar os motivos e perceber que ainda existem oportunidades de melhorias, é hora de começar a mudar.

TENHA UMA VISÃO SISTÊMICA EM VENDAS

A estratégia de rever e planejar o jeito de trabalhar tem estreita ligação com a maneira como você pensa e percebe tudo ao redor.

Tudo o que acontece é explicado pela lei de causa e efeito, que diz que todo efeito deve ter uma causa. Emerge daí a necessidade de enxergarmos mais longe e percebermos as relações e os impactos das etapas e dos processos em que estamos envolvidos.

Quase tudo o que fazemos, seja na vida pessoal, seja na profissional, é realizado em etapas. Fazer almoço, lavar o veículo, jogar videogame, um processo jurídico, uma viagem, uma venda ou uma negociação.

No entanto, caso uma etapa seja esquecida, negligenciada ou invertida em sua ordem de execução, a lei de causa e efeito estará pronta para provar sua existência, gerando reflexos diferentes e talvez indesejados. Já imaginou colocar os ovos no bolo ao tirá-lo do forno? Ou perguntar a forma de pagamento antes de cumprimentar o cliente?

O processo da venda também é formado por diversas etapas. Na vasta literatura disponível no mercado sobre o assunto, e também na prática, é possível observar em torno de oito grandes etapas da venda. Para falar sobre a visão sistêmica em vendas, vou me limitar a cinco, fundamentais, para simplificar e tornar possível a você aplicá-las com mais decisão.

Visão sistêmica Consiste na habilidade de uma pessoa de compreender as partes de um todo. E, também, na capacidade de identificar as ligações e o impacto das partes no resultado do todo.

Um mecânico, para consertar um veículo, deverá ter um entendimento da influência e do impacto de cada parte do motor, para seu funcionamento. Quando desenvolvo uma consultoria comercial para uma empresa, preciso utilizar meu conhecimento das áreas de finanças e produção, para compreender a relação entre elas.

Visão sistêmica em vendas Cada etapa do processo da venda influencia não só a próxima, como todas as seguintes. Veja um breve detalhamento de cada etapa principal de venda e sua ingerência nas demais:

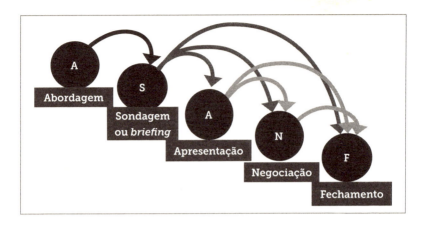

Abordagem – O primeiro contato com o cliente influenciará toda a continuidade do processo da venda. Certamente, você ou alguém que conheça já foi embora de uma loja ou de um restaurante, por não ter tido uma boa recepção ao entrar no estabelecimento. Também já deve ter ocorrido a você uma impressionante abordagem de um atendente, que pode ter incentivado uma compra não planejada. Portanto, uma simples recepção pode influenciar, positiva ou negativamente, todas as etapas seguintes do processo da venda.

As abordagens em visitas externas exercem o mesmo efeito. Lembre-se de dois tipos de pessoas que entram em um ambiente e compare-as: uma bastante séria e outra sorridente e entusiasmada. Qual das duas impressiona de modo mais positivo?

Sondagem ou levantamento de necessidades – Esta etapa também é chamada de *briefing* (conjunto de ideias) em alguns estados do Brasil. Apesar de ser fundamental no processo da venda, é a mais negligenciada, pois a ansiedade faz com que alguns profissionais avancem depressa demais, aproveitando pouco o momento da sondagem. Durante ela, antes de oferecer algo ao cliente, pergunte, colha informações, fale menos e ouça mais.

Por que um vendedor me ofereceria algo, sem antes, ao menos, fazer-me algumas perguntas sobre minhas preferências e necessidades? Ao oferecer algo, sem perguntar nada, seria apenas uma tentativa de venda e não uma apresentação direcionada às necessidades ou aos desejos.

Nesta etapa, além de obter subsídios para a próxima fase, é fundamental que busque também informações para preparar as etapas futuras, que serão: apresentação, negociação e fechamento.

São dados como: locais em que o cliente também está fazendo orçamentos; faixa de valor para investimento; expectativa de prazo de entrega; existência de influenciadores na decisão de compras; possíveis formas de pagamentos; preferências; estilos; comportamentos de uso etc. Além desses exemplos, busque o máximo de informações que o cliente pode transmitir que poderão ajudar nas próximas etapas.

Apresentação – Você utilizará todas as informações que colheu na sondagem para fazer uma excelente apresentação de seus produtos e serviços, baseando-a nas necessidades e nos desejos de seu potencial cliente. Além disso, deverá pensar e preparar as próximas etapas. E também ser persuasivo e motivador, evitando que o cliente fique tentado pelo pedido de tempo para pensar e para que juntos avancem para a próxima fase.

Realizei uma consultoria em uma escola infantil, na qual o processo de apresentação para os pais era sempre feito de um jeito. É evidente, porém, que cada casal tem preocupações distintas em relação a seus filhos.

Com o objetivo de aumentar as matrículas, usei o conceito de visão sistêmica em vendas e fiz algumas modificações naquele processo de apresentação. Sugeri que os pais fossem antes recebidos na sala de reuniões, para que fosse feita a sondagem e a identificação das principais preocupações e das dúvidas. E que, somente a partir daí, a escola fosse apresentada. Nesse momento, as informações deveriam ser repassadas, com ênfase nas soluções das preocupações dos pais, de modo que percebessem que lá estava a melhor opção para o início da vida escolar de seus filhos. Pois de nada adiantaria falar muito, por exemplo, sobre o projeto pedagógico, se os pais estivessem mais interessados no tema segurança ou alimentação.

Negociação – Nas etapas anteriores, utilizando a visão sistêmica em vendas, é fundamental que você tenha investigado o máximo de informações, para facilitar a etapa da negociação.

No instante em que você abrir esta etapa, boa parte dos clientes diminuirá o sorriso e começará a se comportar como se estivesse participando de um jogo, como se a venda se baseasse em um único ganhador. Dentro desse espírito de competição, seus clientes vão limitar ou cessar a liberação de informações, com o objetivo de levar mais vantagem na negociação. Por isso, é tão fundamental a coleta de dados que discutimos.

As etapas anteriores podem ter sido realizadas com 100% de êxito. Se, porém, a negociação não for conduzida com técnicas adequadas, o fechamento será influenciado de maneira negativa. Em especial, se você não transmitir ao cliente um sentimento de ganho para ele em relação à negociação.

Portanto, para desempenhar esta etapa com eficiência, mostre ao cliente como seu produto ou serviço se encaixa nas necessidades e nas comodidades que ele apresentou na sondagem.

Fechamento – Se todas as etapas anteriores forem realizadas de modo integral e de maneira proveitosa, o fechamento será praticamente uma consequência. Esta etapa é o momento de colocar a cereja no bolo. Você ouvirá seu cliente dizer algo como: "Onde eu assino?"

Em contrapartida, apesar de você ter feito tudo certo, seu cliente poderá ser uma pessoa bastante indecisa. Nesse caso, será preciso usar técnicas de fechamento mais incisivas, tendo de, praticamente, decidir pelo cliente. Ao perceber um grande interesse, anuncie o fechamento da venda dizendo algo como: "A nota fiscal será em seu nome?" ou "Qual o endereço de entrega?" ou "Qual a quantidade exata que vai comprar?"

Ou ainda: "Estou me perguntando o que você gostaria de fazer primeiro: tomar mais um café ou assinar o contrato?" A cláusula temporal "primeiro", embutida na pergunta, faz pressupor que ambas as escolhas vão ocorrer de qualquer jeito. O pensamento consciente do cliente é desviado pela preocupação com a ordem em que elas se darão.

Muitas vezes, você pode cometer falhas inconscientes. Quando pratica atividades em etapas trocadas, como, por exemplo, falar muito do produto durante a negociação, fazer muitas perguntas na hora de apresentar produtos e serviços, pressionar o cliente logo nas primeiras etapas, por certo, isso lhe trará consequências indesejadas. Trabalhar sem visão sistêmica e habilidade para praticar as atividades certas, nos momentos adequados, compromete o fechamento, pois em vendas a ordem dos fatores altera, e muito, o resultado.

Outra maneira de explicar a visão sistêmica em vendas é compará-la com um jogo de xadrez. Nele, você não pode se preocupar somente com a próxima jogada; deve imaginar e simular mentalmente diversas possibilidades de jogadas futuras. Precisa pensar o que ocorreria se o adversário fizesse determinadas jogadas. Só depois de considerar inúmeras possibilidades de posições das peças é que fará a movimentação da sua.

Os profissionais ansiosos, com conhecimento limitado de técnicas de vendas ou com dificuldades de atingir metas, costumam pular etapas e querer buscar um fechamento precoce, em momentos errados. Se você tirar um bolo do forno antes da hora certa, não será possível consumi-lo. Se engatar a quarta marcha antes da terceira, o automóvel andará com dificuldade. Tudo tem um momento ideal – e em vendas não é diferente.

Conseguir ter e aplicar a visão sistêmica nessa área, indiscutivelmente tornará seu trabalho mais inteligente, pois você estará sempre muitos passos à frente de seus clientes.

IDENTIFIQUE O INIMIGO, PREPARE AS ARMAS, MIRE NO ALVO E ATIRE

Não é preciso ser militar ou especialista em combates para saber que antes da batalha é necessária intensa preparação e muito planejamento. No mundo dos negócios não é diferente, inclusive nos termos utilizados. É comum ouvirmos expressões como: luta pelo cliente, mercado competitivo, guerra de preços, disputa acirrada, matar uma venda, briga com o outro, roubo de cliente por concorrente, e diversas outras, relacionadas com lutas e batalhas.

Seguindo com essa linguagem de guerrilha e ainda citando ações para a estratégia de rever e planejar seu modo de trabalhar, vamos falar mais um pouco sobre os inimigos, suas armas e a batalha.

Identificar o inimigo

Identificar o inimigo nada mais é do que encontrar os clientes ideais para seus produtos e serviços. Assim, responda em detalhes: "Quem é seu público-alvo?"

Para quem você está vendendo, hoje? O perfil de seu atual cliente é exatamente aquele para quem você gostaria de vender? Ou você vende para quem aparecer?

Imagine que você seja um gerente de vendas e conseguiu contratar o melhor consultor de vendas externas de seu ramo de atuação. Esse profissional é de alto nível, vende muito, sempre supera suas metas e todos os clientes o adoram. E, agora, fará parte de sua equipe.

Após algumas orientações e explicações sobre os produtos e serviços oferecidos, você entrega a ele uma tabela de preços, um catálogo completo e o material de divulgação, como *folders*, panfletos e brindes, e diz: "Boa sorte. Se precisar de alguma coisa, ligue. Agora, vá e venda!"

Vamos pensar um pouco sobre esse vendedor e as orientações que ele recebeu. Raciocinemos sobre questões como:

- ✓ Para qual lado ele irá? Norte ou Sul?
- ✓ Ele criará um roteiro e fará agendamentos prévios ou optará por tentativas a frio, do tipo porta a porta?
- ✓ Ele tentará resgatar antigos clientes, de quando vendia para a marca concorrente?
- ✓ Ele irá atrás somente dos clientes que compram em grandes quantidades?
- ✓ Ele prospectará de maneira geográfica, rua por rua, ou somente aqueles pontos mais próximos de onde se encontra?
- ✓ Que produtos ele oferecerá? Qualquer um? Aqueles que já conhece e sobre os quais sabe falar com propriedade ou os que lhe darão a melhor comissão?
- ✓ Será que ele sabe quais produtos oferecem maior lucratividade para a empresa e quais são as prioridades para a venda, considerando o momento atual?
- ✓ Ele argumentará enfaticamente para vender ou concederá todos os descontos possíveis para fechar mais pedidos com rapidez?

Todas as respostas para essas perguntas serão de sua responsabilidade. Se você for o profissional de vendas contratado neste exemplo e não recebeu essas orientações, vá atrás de seu superior para obtê-las. Se você for o responsável pela gerência de vendas, faça questão de transmitir o máximo dessas informações para sua equipe. Assim, todos estarão alinhados para que as metas sejam efetivamente alcançadas.

Outra situação comum no dia a dia dos negócios é a de vendedores que vendem menos do que são "comprados". Calma, que eu explico:

114 O vendedor inteligente

um vendedor é comprado quando os clientes o procuram. Ele quase não tem condições de prospectar. Recebe muitas indicações e, às vezes, falta-lhe tempo para atender a todas as indicações que lhe chegam. Contudo, será que todas as indicações recebidas são clientes potenciais e estão dentro do perfil desejado? Ou muitos são tomadores de tempo que deixam baixa lucratividade? Essa situação também ocorre com frequência com profissionais liberais, como arquitetos, engenheiros, advogados, dentistas, marceneiros e incontáveis outras profissões. Eles não vão atrás de seu público-alvo, apenas vão atendendo as indicações que recebem.

Perdi muito tempo fazendo reuniões com possíveis clientes que me procuravam por indicações, quando trabalhava com propaganda. Por exemplo, alguns diziam que queriam fazer um "sitezinho" para a internet. E nosso trabalho, na área de web, era voltado para portais, sites complexos com ferramentas exclusivas de gerenciamento de conteúdo, sites dinâmicos gerenciados pelos próprios clientes, algo muito acima do modelo com conteúdo estático que esses clientes esperavam. Conclusão: eles ficavam assustados quando eu apresentava o valor do investimento e o precioso tempo empregado nessas negociações era perdido.

Naquela época, eu não percebia com tanta clareza quem eram meus clientes potenciais, pois ainda seguia o antigo jargão: "Nunca diga não para um cliente". Portanto, atendia todos aqueles que queriam fazer qualquer coisa para a internet e acabava perdendo muito tempo. Aprendi que nem a Coca-Cola dispõe de produtos para atender todo mundo. Existem consumidores cuja preferência por bebidas passa longe dos refrigerantes.

Então, é preciso filtrar clientes, inclusive os que vêm por indicação. Eles poderão ser tomadores de tempo e de informações e jamais comprarão seus produtos e serviços. Contudo, por favor, filtre utilizando perguntas inteligentes e não tirando conclusões apressadas. É fundamental não se deixar levar por ideias preconcebidas antes de conhecer o cliente.

Assim, se o inimigo (o cliente potencial) não estiver bem definido, lamento dizer, mas você não estará construindo vendas inteligentes. Saiba para quem está vendendo e, com certeza, encontrará aqueles que querem comprar.

Preparar as armas

Certamente, você já viu na internet, em filmes ou em reportagens, um soldado norte-americano uniformizado e equipado. Ele deve carregar mais de quinze quilos de equipamentos. São acessórios para diversas situações, munições, granadas, sistema de comunicação, óculos para visão no escuro, e tantas outras coisas que, é óbvio, desconheço. A impressão que me passa é que ele possui apetrechos, dispositivos e armas para todas as possíveis situações que possa enfrentar – parece até que está preparado para tudo o que vier. É quase seguro que suas armas são iguais ou superiores às dos seus adversários.

Entretanto, de nada adiantará um soldado ir para um combate com a metralhadora mais moderna, se o oponente estiver utilizando um tanque de guerra.

Logo, ainda que todo seu aparato de guerra seja completo, ultramoderno e adequado, talvez assim o seja somente sob o ponto de vista do soldado, de nada lhe servindo se seu concorrente estiver usando armas ainda mais poderosas que as dele.

Por muitos anos, vendi serviços de desenvolvimento de sites e portais para a internet. Na época, fazia 90% das apresentações sem conexão com a internet, pois a banda larga móvel ainda estava em fase de testes. Com elevada frequência, os clientes me perguntavam sobre funcionalidades que tinha de descrever de modo verbal. É claro que o ideal seria mostrar exemplificando na internet, aumentando exponencialmente a compreensão do cliente e minhas possibilidades de vender mais.

Sempre saía das reuniões pensando em aperfeiçoar minha apresentação. Voltava para o escritório e, além dos diversos compromissos, tinha de elaborar uma proposta personalizada para aquele cliente.

116 O vendedor inteligente

Quando me dava conta, já estava na hora de fazer uma nova visita e minha apresentação ainda permanecia a mesma. Ou seja, não estava indo para a batalha com as melhores armas que poderia levar.

Apesar de muita dedicação e sucesso nas vendas, minhas armas nunca me permitiram sentir como um verdadeiro "soldado norte-americano". Pois parecia que sempre faltava algo e que havia um permanente espaço para melhorar meus instrumentos de combate.

Às vezes, vejo taxistas que não usam GPS, garçons sem caneta, advogados sem computador, palestrantes sem transmissor eletrônico de slides, empresas de informática sem um site bem elaborado no ar. Todos esses são como soldados sem suas mínimas e principais armas. As consequências são fáceis de imaginar, não é? Muito esforço, com pouco resultado alcançado.

Imagino que você já deva ser um profissional que usa as armas adequadas. No entanto, será que são suficientes para ter um desempenho mais inteligente e com melhores resultados? Você se sente um "soldado norte-americano" quando sai para vender?

Para melhorar a análise de suas armas, relacione-as, classificando-as como:

Básicas e mínimas	Interessantes	Surpreendentes
Exemplos: tabela de preços, cartão de visita, descrição de produtos e serviços.	Exemplos: Tablet, amostras, vídeos, calculadora HP 12C.	Exemplos: Presentes personalizados, comparativos, simuladores de uso e de financiamento. Informações dos clientes e concorrentes. Algo que nenhum concorrente usa ou faz para prospectar.

Para analisar as armas atuais, faça o checklist a seguir, sendo sincero e exigente em suas respostas:

1. Suas abordagens, reuniões e apresentações de vendas são impressionantes, de fato?

2. O que lhe falta durante o dia a dia para surpreender clientes e vender mais? (Equipamentos, catálogos técnicos, formulários, informações estratégicas, argumentos poderosos etc.)

3. Em algum momento você pede desculpas para o cliente por erros, falhas ou desconformidades com suas ferramentas? (Um exemplo tradicional é entregar um cartão de visitas, riscando um telefone para anotar outro a caneta. Pior que isso seria sobrepor o próprio nome sobre o de outra pessoa.)

4. Que pedido de seu cliente você sempre fica devendo, no momento da reunião de vendas? (Amostras, catálogos, informações etc.)

5. O que você poderia ter em mãos, e não tem, para facilitar suas prospecções e suas apresentações de vendas? (Mapas, indicações, nomes, informações dos concorrentes e do próprio cliente, apresentações digitais etc.)

6. Há algo, durante uma reunião com um cliente, que você já pensou que poderia melhorar ou atualizar? (Esquemas, gráficos, amostras, exemplos, fotos, materiais, impressos etc.)

7. Suas apresentações em PowerPoint ainda começam com a missão, história e tempo de mercado da empresa ou já partem do problema que você se propõe a resolver?

Agora que você fez uma análise crítica de suas armas, faça uma relação daquilo que precisa ser aperfeiçoado, determine as mudanças necessárias e se comprometa com os prazos para executá-las.

Que armas melhorar ou incluir	O que fazer para aperfeiçoar	Até quando realizar
Exemplo: informações técnicas.	Buscar informações com o fabricante e elaborar um comparativo com o produto concorrente, destacando os nossos pontos fortes.	Última sexta-feira deste mês.

O formulário também está disponível no site:
http://www.ricardo lemos.com/livro

Mirar no alvo e atirar

Certo dia, eu estava caminhando para um ponto de táxi em São Paulo, quando um taxista parou, próximo à calçada e me abordou, dizendo: "Para qual aeroporto o senhor vai?" Respondi-lhe que ia para o de Guarulhos, já entrando no táxi vazio. Então, perguntei o que o fizera parar e me oferecer seu serviço, e ele respondeu: "O senhor é meu público-alvo. Caminhando na avenida Paulista, puxando uma mala e de terno, tinha 95% de chance de ser um passageiro que precisava de um táxi. Se estivesse indo para o aeroporto, melhor ainda, pois a corrida seria maior".

Aquele taxista tinha muito claro qual era seu público-alvo. O fundamental é que ele "mirou em mim e atirou", digo, fez a abordagem. Talvez outros pensassem a mesma coisa, mas não tentaram uma aproximação.

Mirar no alvo e atirar significa ir atrás de seus objetivos e suas metas, de seus clientes. Caso sua empresa, ou você, não se utilize de metas claras, seria melhor se o fizesse logo. E não somente metas de vendas. Podem ser metas de número de visitas por semana, quantidade de ligações para clientes em potencial, número de orçamentos enviados, percentual de fechamentos, valor médio de vendas e diversos outros tipos de metas que se pode estabelecer para mirar e atirar.

> **Você é o único responsável por seus resultados – e por sua alta performance.**

Quantas vezes por mês você pensa em fazer algo que reconhece ser necessário, mas não faz? Saber o que fazer e não colocar em prática é como ter dinheiro e não pagar as contas.

Sinceramente, fico incomodado ao ver três situações no ambiente de trabalho – com certeza, você também já se deparou com estes cenários:

1. A pessoa percebe o que deve melhorar – em suas atitudes ou na infraestrutura da empresa – e não providencia a mudança.
2. A pessoa parece estar desconectada e não enxerga a necessidade de mudar – como se estivesse à parte dos problemas.
3. A pessoa ou empresa, apesar de não alcançar os objetivos, não se preocupa em tentar perceber o que deve ser melhorado. Parece acreditar que tudo se resolverá com o movimento do mercado, de modo natural.

Ter o conhecimento e a habilidade para obter sucesso em sua área e não tomar uma atitude é semelhante a se ver sentado sobre um baú com moedas de ouro e não abri-lo.

Proatividade significa muito mais do que ter atitude. Como todos somos responsáveis pela nossa vida, os comportamentos que adotamos resultam de nossas decisões e não das condições externas. Portanto, ser proativo é ter a ação e também a capacidade de análise crítica e o conhecimento necessários para construir o ambiente ideal para nosso melhor desempenho profissional e pessoal.

As pessoas reativas são afetadas por seus sentimentos, pelos ambientes físicos e sociais. As proativas são guiadas por seus valores, pensados, selecionados e interiorizados com extremo cuidado.

Se você sabe o que deve ser feito, por que não o faz? A grande diferença entre as pessoas de muito sucesso e as estagnadas está na atitude. Na capacidade que as bem-sucedidas possuem de colocar em prática o melhor plano para viver o sucesso.

> Antes de vencer o adversário, vença a si mesmo! Pois o medo de errar impede que façamos o que deve ser feito.

Resumo da estratégia 3: rever e planejar seu trabalho com frequência

- Faça todo o seu empenho dar resultado e valer a pena.
- Mude sua forma de atuar se os resultados não estiverem sendo os esperados.
- Passe a dar mais valor ao tempo e ao seu uso com melhor planejamento.
- Planeje sua semana de modo simples:
  - Relacione todas as tarefas do período; priorize-as de acordo com suas urgências; distribua-as ao longo da semana, considerando possíveis contratempos.
  - Determine sua agenda particular para aproveitar a vida com familiares, amigos e colegas. Isso aumentará sua motivação no trabalho.
  - Identifique o ponto de equilíbrio entre o uso de seu tempo com atividades pessoais e profissionais.
- Os três pilares para a gestão de seu tempo são:
  - Conscientização da importância do bom uso do tempo na vida;
  - Priorização para usar o tempo de maneira mais inteligente;
  - Disciplina para manter o foco nas determinações.
- Relacione as questões que lhe impedem de ser disciplinado e crie ações para atenuá-las ou eliminá-las.
- Elimine os ladrões de tempo de sua vida e faça atividades em lote.
- Reavalie a forma de utilizar seus e-mails. Verifique como seria possível melhorá-la para lhe sobrar mais tempo.
- Passe a trabalhar com uma visão sistêmica em vendas. Avalie sempre a relação e os impactos das etapas da venda entre si. Mantenha seu pensamento muitos passos à frente do cliente.

- Identifique o inimigo – tenha clareza de quem é seu público-alvo (para quem você quer vender).
- Prepare suas armas – Organize e aprimore todo o material de apoio necessário às vendas.
- Mire no alvo e atire – Tenha a atitude de prospectar seu público-alvo com diferenciais, além das armas habituais.

7. Estratégia 4: transformar repetição de falhas em novos atalhos

Se os critérios de suas escolhas são sempre os mesmos,
provavelmente seus resultados também serão.

Muitas vezes, as pessoas não percebem seus erros e por isso não se arrependem do que fizeram. Costumam acusar os outros e dificilmente percebem como poderiam ter feito diferente. Acredito que todas as pessoas – até as que erram – buscam o acerto. Contudo, a repetição de erros se dá, em geral, pela falta de dedicação a uma análise estratégica de caminhos alternativos, para diminuir as falhas e aumentar os resultados. Fico apreensivo e preocupado quando ouço frases como "Sempre trabalhei dessa maneira, não preciso mudar" ou "Não vendi bem neste mês por culpa dos clientes e do mercado, que está recessivo".

É fundamental que você olhe para trás e perceba que a maioria dos resultados não atingidos poderia ter sido alcançada com atitudes diferentes. Sim, pode parecer que não entendo como os fatores externos o atrapalham, mas, se você for extremamente criterioso e exigente consigo, vislumbrará as oportunidades de melhoria que estavam passando despercebidas.

Para ir mais fundo, questione pessoas próximas de você sobre seu desempenho – e esteja aberto para ouvir tudo o que elas têm a lhe dizer. Diga que elogios são ótimos, mas que precisa ouvir críticas. Dê liberdade para as pessoas lhe falarem realmente o que pensam sobre sua atuação no mercado. Esclareça que gostaria de ouvir as críticas mais sinceras, pois será com elas que você terá a oportunidade de evoluir.

122 O vendedor inteligente

Você precisa de coragem e preparo para receber críticas construtivas, pois talvez ouça algo que não esperava. Por último, depois de ser criticado, jamais se justifique, pois isso desestimulará a pessoa a lhe dar novos *feedbacks*, além de usar a justificativa como autodefesa. Ouça em silêncio e agradeça. Sem explicações, combinado? Aproveite para refletir sobre a visão das pessoas em relação a você e sua metodologia profissional. Eis aí uma grande chance de melhorar sua performance.

Avaliar e pensar sobre nosso trabalho e nossos resultados é como assistir a um filme complexo pela segunda ou terceira vez. Sempre perceberemos novos detalhes que facilitarão o entendimento como um todo. Quando assistimos só uma vez, mantemos a percepção inicial, que poderá ser insuficiente para ter o máximo de experiência e compreensão.

Portanto, para transformar repetição de falhas e erros em novos atalhos é necessário, inicialmente, que você acredite que sempre será possível melhorar e evoluir.

DESAPEGUE-SE DE DERROTAS, FALHAS E SUCESSOS PASSADOS

As indústrias – apesar de terem sucesso em suas vendas – mudam a fórmula de seus produtos, modificam seus rótulos, aperfeiçoam seus métodos e suas técnicas, revitalizam suas marcas e promovem melhoria contínua, porque conseguem se desapegar do sucesso do passado. Elas percebem que só a mudança e a melhoria farão com que permaneçam no topo da lista do mercado. E sabem que o sucesso no passado não garante o presente, muito menos o futuro.

Algumas empresas mais avançadas já estão trabalhando com obsolescência planejada. Ou seja, um produto é lançado com seu ciclo de vida planejado e com data para ser descontinuado ou modernizado.

As formas tradicionais de fazer as coisas podem não ter mais tanta eficiência quanto tinham, há poucos anos. Por exemplo, no dia a dia da venda, frases como: "confie em mim", "essa é a melhor relação custo/benefício", "fique tranquilo", "temos qualidade", entre tantas outras tão conhecidas, perderam toda a sua força, tornaram-se banalizadas e não funcionam mais.

O sucesso da venda de ontem não garantirá a venda de amanhã.

Quando a indústria automobilística lança um novo modelo de carro, não descarta todo o projeto do modelo anterior. Ela busca tendências, necessidades e desejos dos clientes e aprimora e moderniza o modelo atual, criando o novo. O fundamental é saber quando lançar um novo modelo para continuar sendo líder.

Faça uma comparação lógica: é notório que o comportamento do consumo está em constante e rápido movimento. Agora, compare a evolução das mudanças de comportamento com sua atuação no mercado. Você progrediu e mudou de pensamento e maneira de trabalho com igual proporção e rapidez?

Quando um profissional de vendas não acompanha as alterações nos costumes de seus clientes está colaborando com o sucesso de seus concorrentes.

É necessário se desapegar do passado para evoluir, adaptar-se às mudanças constantes para, de maneira responsável, multiplicar os resultados.

LIVRE-SE DOS MITOS E DAS SÍNDROMES DO MUNDO DOS NEGÓCIOS

Já falamos sobre os mitos e as síndromes comuns entre os profissionais da área de vendas, no Capítulo 2, quando apresentei dicas pontuais para eliminar ou neutralizar a ambos.

Então, para transformar erros e falhas em novos atalhos, identifique seus mitos e suas síndromes e procure convertê-los em novos atalhos.

REVEJA OS CRITÉRIOS DE SUAS ESCOLHAS

É provável que você use critérios conscientes ou inconscientes para comprar um par de sapatos: preço, *design*, conforto, durabilidade e satisfação etc. Quando adquire um computador usa critérios como desempenho, especificações técnicas, peso, tamanho, preço, marca,

124 O vendedor inteligente

garantia etc. Sempre usamos critérios para nossas escolhas, porém nem sempre eles são claros, bem definidos e reavaliados.

Você escolhe acordar mais cedo todos os dias, fazer treinamentos e ler livros sobre vendas. Você escolhe organizar seu dia na noite anterior, planejar suas viagens de negócios e colocar em prática tudo aquilo o que aprende. Você escolhe as técnicas que utilizará com cada cliente e os argumentos de vendas. Você pode escolher o que fazer para atingir melhores resultados em seus negócios.

Você, porém, pode escolher também: deixar algo para fazer depois, não acreditar em uma pessoa e acreditar em outra por algum critério, fumar, comer alimentos que não fazem bem para sua saúde, ficar estagnado, não ligar de novo para um cliente porque "acha" que estará incomodando, não planejar sua semana, dirigir acima da velocidade permitida para chegar mais depressa... Você poderá escolher reagir e discutir com o cliente.

Ao decidir ou escolher algo, sempre usamos critérios, conscientes ou não. As pessoas podem até mudar suas escolhas, mas raramente reavaliam e aperfeiçoam seus critérios para fazer novas escolhas, pois podem estar atreladas às próprias crenças.

No cenário atual do mercado, no qual chineses entregam na porta de nossas casas, sem custo de frete, produtos comprados pela internet pela metade do preço do equivalente nacional, não há mais espaço para escolhas baseadas apenas em intuição, "achismo" e *feeling*.

É muito provável que, caso seus critérios de escolha continuem mantidos, os resultados não crescerão como você deseja.

Nossa mentalidade é formada por experiências vividas. Parte dela veio de experiências negativas e a outra de experiências positivas, mas ambas influenciam diretamente nossas escolhas. Por exemplo, suponha que, algum dia, você tenha perdido uma excelente venda, por ter utilizado uma técnica de venda mais agressiva. Como o resultado foi negativo, você abandonou a prática. Poucas pessoas, nesse caso, determinariam um critério para analisar se a técnica foi aplicada de modo correto. Elas a rotularão como uma técnica que não funciona. Assim, nasce uma mentalidade negativa e falsa.

Aprimore seus critérios de escolhas:

✓ Use a visão sistêmica para analisar e redefinir seus critérios de escolhas e definir prioridades.
✓ Não permita que mentalidades antigas influenciem radicalmente seus critérios de escolhas atuais.
✓ Cuide para suas escolhas não serem influenciadas pelas de outras pessoas, pois os objetivos podem ser muito diferentes.
✓ Lembre-se de que para obter resultados diferentes você deve fazer escolhas distintas daquelas que sempre fez.

REESCREVA A HISTÓRIA QUANDO ELA SE VOLTAR CONTRA VOCÊ

O que o trouxe até aqui não é o que o levará adiante.

O famoso *case* de sucesso das Havaianas pode ilustrar este item. Há muitos anos, o produto não tinha *design* e era desvalorizado pelo mercado. Quem usava sandálias Havaianas era depreciado. Pois bem, a história foi reescrita e o resultado você já sabe, as Havaianas estão para as sandálias assim como a Nike está para os tênis, no mundo.

Quantas vezes você pode errar na mesma coisa?

É comum que profissionais de vendas temam algumas perguntas frequentes dos clientes. O medo e a insegurança se relacionam àquelas questões sem respostas ou quando as argumentações ameaçam o fechamento da venda. Ouço de vendedores comentários e questões como: "Vou torcer para que o cliente não pergunte sobre o prazo de entrega" ou "o porte de minha empresa" ou "minha garantia" ou "o consumo de energia" ou "aqueles pontos nos quais o concorrente é melhor".

O passado nos ensina a construir o futuro.

Muitas situações se repetem em sua rotina. Algumas se repetem de maneira negativa. Quantas vezes o cliente diz que está caro? Que vai pensar um pouco mais? Quantas vezes ele se atrasa e você perde um tempo precioso? Quantas vezes, depois que você concede todos os descontos possíveis ele pede para parcelar em dez vezes e não quer pagar juros?

Pense no que você pode aprender com a repetição das falhas e o que fazer para transformá-las em novos atalhos para aumentar suas vendas.

Se a história se repete contra seus resultados, mude os personagens, o cenário e seu roteiro.

Resumo da estratégia 4: transformar repetição de erros e falhas em novos atalhos

- Desapegue-se de derrotas, falhas e, ainda mais, de sucessos passados.
- As formas tradicionais de fazer as coisas podem não ter mais tanta eficiência quanto tinham, há poucos anos.
- Se como consumidores mudamos tanto nos últimos anos, nossa maneira de trabalhar também deverá mudar, em igual proporção.
- Livre-se dos mitos e das síndromes do mundo dos negócios.
- Reveja os critérios de suas escolhas, para que os tropeços não sejam repetidos.
- Reescreva a história quando ela se voltar contra você.

8. Estratégia 5: treinar para transformar o que é difícil em fácil

> *"É fazendo que se aprende a fazer aquilo que se deve aprender a fazer."*
>
> Aristóteles

Os médicos passam, no mínimo, dois anos, de seu início de carreira, treinando e aprendendo muito durante a residência médica, com orientação de seus superiores. Engenheiros, administradores, fisioterapeutas, arquitetos, publicitários e muitos outros profissionais treinam, fazendo estágios. Em geral, os estagiários fazem trabalhos menos complexos, mas a maioria deles coloca a "mão na massa" e vivencia o dia a dia de suas áreas de atuação.

E os profissionais de vendas, treinam quando?

Ninguém ganha um campeonato, treinando só em jogos oficiais.

A maioria dos profissionais de vendas treina só em dia de campeonato, na frente de seus clientes, na hora da verdade. Se forem bem nesse tipo de treino, fecham mais uma venda. Caso contrário, mais uma venda perdida.

Quando um profissional de vendas, participante de um de meus treinamentos, reclama por ter de fazer uma atividade de representação da realidade, teatro de vendas ou algum tipo de simulação, costumo perguntar se ele, de fato, acredita que um lutador de luta livre (MMA), durante seus treinos, usa toda sua força e luta para sangrar o seu companheiro de treino. Eles usam proteções no corpo e chutam almofadas. No entanto, em dia de luta oficial, sabem que não haverá almofadas, e estão prontos para o pior, pois treinaram muito antes daquele momento.

Perceba a relevância do treino para aprimorar seus resultados. Treine muito e torne sua venda mais fácil e inteligente do que já é.

PRATIQUE PARA FACILITAR O QUE VOCÊ ACHA QUE É DIFÍCIL

Tive um colega, na faculdade, que praticava *windsurf* (prancha com vela, movimentada pela força do vento, que plana por cima da água). Certo dia, acompanhei-o da beira de uma lagoa. Por várias vezes, ele ia longe e voltava. Quando me vi, já dentro da água, ele me perguntou se eu gostaria de aprender e, claro, respondi que sim. Então, perguntei como deveria fazer para voltar de dentro da lagoa. Ele me respondeu, dizendo que eu não precisaria saber como voltar. Achei estranho, mas continuei concentrado em suas orientações.

Depois de quase uma hora de tentativas frustradas, descobri a resposta do porquê não precisaria aprender a fazer a volta, pois ainda não tinha conseguido arrancar ou sair do lugar. Eu subia na prancha e o vento me derrubava. Caía para os lados, para a frente, para trás, engolia água, arranhava as pernas e nada. Por fim, percebi que praticar o *windsurf* era algo demasiadamente difícil, embora não aparentasse ser.

Cinco anos depois, procurei uma escola do esporte. Durante o curso, assistia aos velejadores, indo e voltando, sem mesmo se molhar: parecia algo tão simples, fácil e suave! Quando chegava minha vez de arrancar da margem, era algo pesado, instável, difícil e quase impossível.

Depois de diversas aulas, e anos de treino, aprendi a arrancar com suavidade, ir e voltar sem cair na água. E cheguei à seguinte conclusão:

 O difícil, com muito treino, torna-se fácil.

Se você sabe dirigir um carro ou uma moto, por exemplo, deve se lembrar de como foram difíceis suas primeiras tentativas, aprendidas na teoria. Como, porém, colocou em prática tantas vezes a teoria, hoje deve ser algo muito mais fácil para você, algo quase automático.

É o que acontece com idiomas, esportes, tarefas domésticas ou qualquer tipo de habilidade profissional que tentamos exercitar. Uma atividade, sem as técnicas adequadas e pouco ou nenhum treino, realmente, será muito difícil de ser executada.

Ouvi relatos de consultores de vendas que fizeram apresentações para clientes de projetos de mais de cem mil reais. O pior é que eles estavam inseguros e inventando argumentos durante a exposição. Quando perguntei se um deles havia treinado antes da apresentação, a resposta foi sincera: "Claro que não! Não deu tempo e, além do mais, eu não sabia que deveria treinar".

Ora, se a venda é a combinação de conhecimento com experiência, quantas chances de negócio as pessoas terão de perder para perceber a importância do treino e da preparação prévia?

Antes de apresentar uma nova palestra, sempre treino inúmeras vezes na frente de uma câmera e, posteriormente, analiso os pontos em que posso melhorar. Invisto muito tempo nisso. No momento da atuação, diante de centenas de pessoas, devo executar o que treinei. Não devo, nem preciso criar nada diferente, pois estou seguro e determinado a cumprir o planejado no treino.

Sei que você deve estar argumentando que diante do cliente é diferente, pois são inúmeras as situações e os comportamentos imprevisíveis. Pois é justamente por isso que você precisa de mais treinamento, técnica e experiência.

Os irmãos Chip e Dan Heath, no livro *Ideias que colam*, citam pesquisas que demonstraram que o ensaio mental de uma situação nos ajuda a ter melhor atuação quando a encontramos no ambiente físico verdadeiro.

A "teoria das dez mil horas", de Malcolm Gladwell, entre muitas coisas, diz que a aprendizagem requer a consolidação da informação no tecido neural: quanto mais experiências em uma ação específica, mais forte se tornam essas conexões.

Os Beatles, conforme Gladwell, antes de serem reconhecidos, tocaram ao vivo mais de 1.200 vezes, chegando a executar suas músicas por oito horas, sem parar.

Nove maneiras para treinar e tornar seu trabalho mais fácil

1. Simule o momento da venda no ambiente verdadeiro, com colegas de trabalho.

2. Faça apresentações de vendas para amigos e familiares, e solicite *feedback*.

3. Grave suas reuniões de vendas no celular para uma análise posterior.

4. Elabore argumentos mais convincentes para perguntas recorrentes de clientes e treine com colegas, amigos, parentes ou com o próprio espelho.

5. Faça visitas como "cliente oculto" e analise as técnicas dos vendedores.

6. Crie simulações com os números antes de ir para uma reunião de negociação.

7. Aprenda a utilizar a calculadora HP 12C, se você trabalhar muito com números.

8. Continue lendo livros sobre vendas. Faça cursos e treinamentos e não pare nunca de estudar sobre sua área.

9. Identifique suas principais carências e treine para superá-las.

APRIMORE A COMUNICAÇÃO, A PERSUASÃO E O PODER DE ARGUMENTAÇÃO

As pessoas chegam a acordos, fecham excelentes negócios e vendas, muitas vezes por potencialidades no processo de comunicação.

É provável que você já tenha presenciado uma cena em que duas pessoas enfrentam dificuldades de entendimento e uma terceira percebe o fato, concluindo que elas estão falando a mesma coisa, com palavras diferentes, e que ambas têm razão.

Ocorre que as pessoas dão ênfases e significados diferentes para as palavras. Tive uma colega de trabalho que, passadas duas horas de seu almoço, dizia que estava "morrendo de fome". Um dia, perguntei-lhe se estava de fato 'morrendo de fome' ou se só tinha a vontade de comer algo e ela me respondeu: "Na verdade, estou com vontade de comer algo! Você tem aí um biscoito ou um chocolate? Pode até ser uma bala..."

Comunicação não é o que você fala. É o que as outras pessoas percebem e entendem daquilo que você fala.

Quanto mais estudo sobre comunicação, mais percebo sua importância em nossos relacionamentos e negócios. Comunicação é um assunto semelhante a um buraco no solo: quanto mais terra você tira, maior fica.

Por isso, como este é um livro voltado para a apresentação de diferentes maneiras de trabalhar, para melhorar os resultados, vou mostrar, de modo sucinto, prático e objetivo, algumas dicas e orientações para utilizar na comunicação com seus interlocutores.

132 O vendedor inteligente

➡ Procure praticar

Além disso...	Utilize quando quiser aprofundar, conhecer mais ou encorajar a outra pessoa a falar. Depois de ouvir a resposta à sua pergunta, diga: "Além disso, o que mais você... "
Exemplo: *"Além do motivo relatado, o que mais é importante para você?"*	
Mas...	O "mas" faz com que o interlocutor desconsidere o que foi dito antes e preste atenção ao que você vai falar a partir daquele momento. Use-o para tirar a importância do que foi dito antes.
Exemplo: *"Sim, o preço é mais elevado, mas nossa garantia é a maior do mercado."*	
Então...	"Então" aceita qualquer coisa depois e funciona como uma ligação entre o que foi dito antes e a próxima ideia.
Exemplo: *"Então, é justamente por isso que nosso serviço é o único na cidade."*	
Em compensação...	A palavra "compensação" já diz tudo, pois de alguma maneira repara a ausência ou perda de algo. É excelente para justificativas e respostas a objeções.
Exemplo: *"Sim, o investimento aumenta, em compensação nossa marca tem mais prestígio e valor no mercado."*	
Mais..., mais..., mais...	A repetição da palavra "mais" durante uma apresentação de vendas pode passar a sensação, inconsciente, de ganho e maiores vantagens.
Exemplo: *"Além de tudo que já falei, o imóvel inclui o salão de festas, mais o guarda-volumes, mais a piscina e mais a portaria 24 horas."*	

Vogal longa *Exemplo:* *"É muuuito resistente..."*	A palavra "muito" com uma pronúncia longa, dá a impressão que o dito é muito, de fato. Alongue a duração das vogais para aumentar e reforçar o significado das palavras.
Use metáforas *Exemplo:* *"Este produto vale ouro..."* *"Estou transbordando de felicidade..."*	Utilize-se de metáforas e terá o mundo a seus pés! Elas ajudam o ouvinte a armazenar suas informações pela associação de imagens e sons que possam criar ao ouvir sua metáfora.
Se não entender, pergunte *Exemplo:* *"Tudo certo, porém, para mim não ficou claro quando o senhor falou em utilizar lotes como forma de pagamento. Poderia falar mais sobre isso?"*	Após o termino da explanação ou o desenvolvimento de uma explicação do interlocutor, em caso de dúvida, pergunte. O não esclarecimento de uma dúvida durante um diálogo poderá gerar um grande problema posterior. Se for algo complexo, escreva na frente do cliente e guarde o documento. Ele poderá ser útil mais cedo do que você imagina.
Faça resumos *Exemplo:* *"Então, seu pedido será de dois modelos pretos, um branco e o cinza, que será entregue neste endereço aqui, correto?"*	O resumo revisa o que já foi dito, firmando o conteúdo, identificando e corrigindo possíveis interpretações equivocadas. Garçons e vendedores de balcão que fazem resumos caminham menos.
Use a pausa	A pausa tem uma conotação didática. Serve para garantir que a pessoa entenda e assimile o que você está falando. Quanto mais complexo o assunto e se seu público for leigo, maior a necessidade de pausas.

⊘ Procure evitar

Eu acho... *Exemplo:* *Cliente:* *— Vai ficar bom?* *Vendedor:* *— Acho que sim.*	O cliente entende assim: EU ACHO = EU NÃO TENHO CERTEZA = NADA "Eu acho" não transmite certeza, segurança ou convicção. Apague o termo de seu vocabulário. Substitua-o por: eu entendo; eu percebo; eu imagino.
Palavras no diminutivo *Exemplo:* *Produtinho, servicinho, projetinho, portinha, computadorzinho etc.*	Todos usamos, até sem notar, o diminutivo das palavras. É uma forma afetuosa de falar, mas que atenua o poder de convicção que precisamos ter, em uma argumentação. Durante a venda, só há uma palavra que devemos usar no diminutivo: precinho.
Palavras subjetivas *Exemplo:* *Grande, pequeno, pouco, claro, escuro, rápido, muito, bastante, clean, fashion, light, moderno, caro, barato etc.*	Evitar palavras com significados subjetivos. E, se ouvi-las, investigue logo seu significado com o interlocutor. Peça exemplos e procure mensurar. Não pressuponha que o sentido daquela palavra para o cliente é igual ao que você dá a ela.
Excesso de informações	Imagine um balde cheio de água que é despejado rapidamente em uma pequena pia. Esta transbordará, por não dar vazão à grande quantidade de líquido despejada de uma só vez. Quando o cliente é leigo no assunto, racione informações, para não transbordar sua mente. Dê tempo para os ouvidos do cliente "respirar".
Não interrompa	Muitas pessoas têm dificuldade de se expressar e de explicar suas necessidades e seus desejos. Não interrompa o cliente e não tente adivinhar, exceto se ele solicitar ajuda.

Persuasão

Persuasão é conseguir que as pessoas façam algo que você quer. Para isso, deixe claro o que o outro tem a ganhar, se fizer o que você indica. Responda à pergunta silenciosa do cliente "O que eu ganho com isso?"

Para persuadir, é fundamental dar ênfase aos valores, às necessidades e aos desejos do cliente. Em outras palavras, identificar aquilo a que ele dá mais atenção e que lhe desperta mais interesse. Não acredite que ele se atraia pelos assuntos que você aprecia.

Invariavelmente, serão questões diferentes. Nem todos os clientes estarão ligados somente em descontos ou parcelamento. Há também questões técnicas, garantia, segurança, status, durabilidade, funcionalidade, performance, e tantas outras coisas. Você, como cliente, deve se lembrar de alguns outros motivos que o levaram a fazer determinadas compras.

Um estudo feito pela New Yorks Telephone revelou que em 500 ligações telefônicas foram pronunciados 3.990 vezes a palavra "eu". Quando você vê uma foto de um grupo de pessoas em que estava presente, o que você procura primeiro? A si mesmo, não é? Ou seja, as pessoas estão interessadas apenas nelas próprias. Portanto, alimente os assuntos da preferência de seu cliente.

Quatro pontos para aumentar seu poder de persuasão:

1. Fale com convicção – Fale com propriedade e como quem é autoridade no assunto. Nivele o tom de sua voz de acordo com o ambiente e o interlocutor e demonstre firmeza em seus argumentos. Evite ficar estático enquanto fala. Gesticular auxilia a transmitir entusiasmo e convicção. Acredite realmente que o que você fala, de algum modo, ajudará as outras pessoas.

2. Seja entusiasmado – Entusiasmo é algo que contagia. A utilização da ênfase ajudará muito a transmitir satisfação para seus clientes. Quando você é enfático em algo passa uma mensa-

gem subliminar, que mostra sua opinião positiva sobre um assunto. É como se você sublinhasse ou colocasse em negrito algumas palavras de um texto.

O entusiasmo é tão importante para a venda quanto o ferro para acabar com a anemia.

Para fazê-lo, você pode falar um pouco mais alto, pronunciar uma palavra com entonação silábica ou prolongar a vogal de outras. Esse resultado também é obtido, somado à ideia de ineditismo, segredo ou exclusividade, baixando-se o tom da voz.

3. Faça perguntas inteligentes – Essas questões devem envolver o cliente e fazê-lo imaginar a situação atual e futura a partir do que está sugerindo. Exemplos:
   - "Você está totalmente satisfeito com seu modelo atual?"
   - "Já imaginou como seria melhor/fácil/simples/útil com este novo modelo?"
   - "Você deve concordar comigo que este modelo seria a melhor solução para sua necessidade, não é?"
4. Conte histórias – Qualquer pessoa será capaz de contar uma história que ouviu. Tenho certeza de que você vai se lembrar de minhas aulas de *windsurf* ou de outras das diversas histórias que contei para facilitar o entendimento e o armazenamento dos conteúdos apresentados. Histórias facilitam para nosso cérebro guardar informações por meio de associações.

Argumentar para persuadir

Argumentar é ajudar a organizar os pensamentos do cliente, transmitindo-lhe conhecimento. É mostrar que o que você está falando ou apresentando é interessante para ele. Isso é muito importante porque, afinal, já vimos quanto as pessoas são voltadas para si próprias.

Utilizando a linguagem de guerrilha, o argumento é a munição da metralhadora. Então, como ir para uma batalha sem munição? Acompanhe algumas orientações e técnicas práticas para você aumentar sua guarnição de balas.

As cinco condições básicas para uma argumentação vendedora

1. Linguagem adaptada – Tenha uma linguagem em comum com seu cliente, pois o "tecnês" (linguagem técnica) pode até impressionar, mas não vende para quem não entende. Aliás, ninguém compra o que não compreende.

   Se for necessário usar termos técnicos, fale a palavra e diga o que significa, logo em seguida. Chamo isso de colocar legenda na fala. É fundamental garantir que o cliente assimile tudo o que você apresentar.

2. Concentre-se no "eu" do cliente – O cliente, ainda que lhe pergunte, não está interessado em sua opinião (exceto se você for um famoso formador de opiniões em sua área de atuação). Só o que deseja é saber o que é melhor para ele – e nada mais.

   Quando ele lhe pede uma opinião, há outro significado oculto. A melhor tradução seria algo como: "Caro vendedor, eu percebi que você tem muito conhecimento e experiência no ramo e o que quero para mim é a melhor solução. Dentro das necessidades e dos desejos que você já deve ter captado, que solução me indica?"

3. Que problema sua argumentação resolverá – Todos temos algum problema para resolver ao comprar algo, ainda que seja apenas um desejo. Então, deixe isso claro para seu cliente. Evite argumentos que não corroboram para as soluções. Lembre-se de seus argumentos mais simples e analise-os, percebendo se devem ser mantidos ou repensados.

   Se o cliente comentar que o que você disse foi um "papo de vendedor", significa que o argumento foi fraco ou utilizado em momento inapropriado ou, também, que ele não valoriza o assunto que o compõe.

4. Autoconvicção – Argumentar ou convencer os outros está diretamente relacionado com a própria convicção naquilo que é dito. Você deve estar convencido e acreditar no que argumenta. No mundo das vendas, falamos que você primeiro precisa "comprar" o produto, mentalmente, para depois vendê-lo.

5. Prepare-se para uma contra-argumentação – Não pense que só você atacará. Clientes experientes estão prontos para debater e até desqualificar os argumentos, enaltecendo os pontos positivos de seus concorrentes.

💡 Técnicas práticas de argumentação	
Diga "o quê" e "o porquê" *Exemplo:* *O quê: "Temos qualidade".* *O porquê: "Possuímos ISO 9001 e certificado do Inmetro".*	Sempre que você falar "o quê", iniciará um diálogo interno na cabeça do cliente, que vai querer saber "o porquê". Como a venda inteligente é estar um passo à frente do cliente, diga "o quê" e, logo após, fale "o porquê".
Técnica dos três benefícios *Exemplo:* *"Eu poderia lhe falar muito sobre este produto, mas vou lhe dizer os três pontos fundamentais: o primeiro é que...; o segundo... e o terceiro..."*	Segundo a numerologia, esse número é mágico e misterioso – pesquise na internet e se surpreenderá. Ao ouvir "três" ficamos contando, de forma inconsciente, até ouvir o terceiro argumento.
Técnica da dor e do remédio *Exemplo:* *"Você já perdeu dados de seu computador? [dor] Com este sistema você terá cópias automáticas em outro servidor [remédio]."*	Antes de falar na solução, mostre que seu cliente tem o problema (sente aquela dor). Depois de relembrá-lo do sofrimento, apresente a solução (o remédio). Steve Jobs se utilizava muito disso: primeiro o problema, depois a solução.

Técnica do filme de tragédia *Exemplo:* *Já imaginou ficar um final de semana sem água, com duas crianças pequenas em casa? Pois esse reservatório armazena água para dez dias...*	É semelhante à técnica anterior, porém você pode criar situações (filme de tragédia) em que algo desagradável pode acontecer. E, comprando o que você oferece, o cliente jamais enfrentará essa situação.
Técnica da significância dos números *Exemplo* *"As embalagens de sabão de uma das marcas mais vendidas no Brasil, em um ano, dariam duas voltas ao redor do planeta, se fossem enfileiradas, ou seja, 98 mil quilômetros."*	Coloque mais emoção nos números, dê-lhes uma nova roupagem. Faça comparativos. Falar 365 milhões de embalagens não apresenta tanto impacto quanto o exemplo ao lado.
Técnica RACE *Exemplo:* *"Este modelo é fabricado 100% em alumínio, o que não oxida e torna a peça mais elegante e sofisticada."*	Alterne o uso de argumentos RAcionais e Emocionais. Argumento racional = 100% alumínio Argumento emocional = elegante e sofisticada.

TREINAR, SIM. MAS, O QUÊ?

Lembro-me de que, há tempos, o preparador físico de um time de futebol foi substituído, por não apresentar bons resultados. Seu sucessor relatou que os atletas estavam treinando mais como maratonistas do que jogadores de futebol. Ou seja, os resultados não são atingidos se o treino é inadequado.

Já convivi com centenas de profissionais de vendas, em diversos estados do país, pessoas com grande capacidade e potencial. Alguns deles, porém, não estavam treinando ou eram treinados de maneira errada.

Você sabe o que precisa treinar mais? E quais são suas maiores carências? Talvez pense que deve treinar tudo ou não saiba por onde começar.

Como já falamos, o tempo está cada vez mais escasso, portanto é preciso ter atenção no treinamento, também. Depois de tudo o que já leu até aqui, pense em três pontos fundamentais que percebe ser necessário aprimorar. Crie um plano e ponha em prática, o mais depressa possível – você não pode mais perder vendas por causa dessas carências. Escreva qual o dia e o horário de seu primeiro treino. Se não encontrar alguém para participar, comece com o espelho. No início, será engraçado, mas você vai se acostumar com a situação. E leve isso muito a sério.

Quanto mais suor no treino, mais chances de subir ao pódio.

Outra ferramenta para auxiliar a identificação dos principais pontos a aperfeiçoar é fazer o teste que elaborei especialmente para você perceber como está trabalhando em relação ao método da venda inteligente.

Teste da venda inteligente

Você poderá responder as questões no próprio livro ou no site: http://*www.ricardolemos.com/livro*. No site será mais fácil, pois não é preciso somar e é possível indicar o teste para seus amigos e colegas de trabalho.

Para fazê-lo, você deve escolher entre quatro alternativas. Escreva o número correspondente em cada lacuna e some o total, no final.

A (1) Sempre
B (2) Às vezes
C (3) Raramente
D (4) Nunca

Ao escolher, marque a primeira opção que lhe vier à cabeça. Pense na resposta, não no que ela significa dentro do teste ou porque determinado assunto foi questionado. Seja sincero, especialmente com você.

	A	B	C	D
	Sempre	Às vezes	Raramente	Nunca
	(1)	(2)	(3)	(4)
Percebo que meu modo de trabalhar é ideal.				
Fora do trabalho, evito assuntos relacionados com técnicas de vendas.				
Antes de visitar/atender um cliente, crio barreiras mentais inconscientes, como: talvez ele (cliente) não compre, acho que ele só vai tomar meu tempo, deve ser um chato, acho que ele vai se atrasar etc.				
Acredito que meus concorrentes sejam melhores em alguns critérios, como preço, produto, prazo, qualidade e estrutura, e uso esses fatores como justificativa, quando não vendo.				
Costumo pensar algo semelhante com "sempre fiz assim e deu certo".				
Quando percebo que é um "cliente caroço", desanimo ou diminuo a motivação para o atendimento e a venda.				
Tenho produtos/serviços em meu mix que não gosto de vender.				
Quando o cliente pergunta, respondo com minha opinião.				
Costumo fazer com os clientes o que gostaria que fizessem comigo.				
Quando há falhas, erros e insucessos que afetam meus resultados, culpo clientes, colegas, mercado, estrutura etc.				

142 O vendedor inteligente

	A	B	C	D
	Sempre	Às vezes	Raramente	Nunca
	(1)	(2)	(3)	(4)
Acredito que há dias péssimos para vender.				
Respaldado em meu sucesso de meses ou anos passados, acabo me dedicando menos do que poderia na profissão.				
Tenho algum tipo de preconceito quanto aos tipos de clientes que aparecem.				
Tiro conclusões apressadas das situações.				
Coloco em prática a frase: "não levo desaforo para casa".				
Passei a ser vendedor de uma hora para outra. E uso isso como uma justificativa, quando não vendo bem.				
Quando falta pouco tempo para o almoço, ou para ir embora, fico mais disperso, contando os minutos para partir.				
Costumo reclamar, ainda que só para mim, do comportamento dos clientes.				
Sou uma pessoa difícil de mudar de ideia.				
Desagradam-me e desequilibram-me alguns comportamentos e atitudes de meu(s) superior(es).				
Desagradam-me e desequilibram-me alguns comportamentos e atitudes de meu(s) colega(s) de trabalho.				
Sou influenciável por meu(s) colega(s) de trabalho				
O ambiente de trabalho influencia no resultado de meu trabalho				
Tenho dificuldade em controlar minhas emoções.				

	A	B	C	D
	Sempre (1)	Às vezes (2)	Raramente (3)	Nunca (4)
Tenho dificuldade em planejar minha vida pessoal.				
Tenho dificuldade em fazer meu planejamento profissional semanal.				
Tenho dificuldade em fazer meu planejamento diário e, muitas vezes, sinto-me limitado pelos empecilhos que aparecem: falta de tempo, recursos etc.				
Tenho dificuldade em argumentar sobre produtos/serviços com o cliente.				
Costumo pressionar o cliente para o fechamento da venda.				
Minha ansiedade prejudica as vendas.				
A presença ou as pressões de meu(s) superior(es) reduz meu desempenho.				
Tenho dificuldade em organizar minhas finanças pessoais.				
Quando recebo comissões mais altas, gasto tudo e não crio uma reserva financeira.				
Tenho dificuldade em dizer não para as pessoas.				
Tenho insegurança ou medo diante de alguns clientes.				
Total de pontos				

Resultado do teste da venda inteligente

O teste considera os critérios do método apresentado no livro. Serve para medir a qualidade de seu trabalho e estimular o uso das técnicas e estratégias apresentadas, para que seu trabalho com vendas flua melhor. Confira os resultados abaixo:

- **De 35 a 50 pontos** – Ótimo que você fez o teste! Isso mostra que você tem interesse por saber seu atual estágio e evoluir profissionalmente. Você até pode estar vendendo bem, mas deve atentar para não empenhar muito esforço e não obter os melhores resultados, desgastando-se sem necessidade. Você ainda apresenta diversas oportunidades de melhoria para colocar na venda gatilhos inteligentes e eficazes. Iniciante na profissão ou não, ponha em prática o método deste livro, com urgência – ele lhe será muito útil. Além disso, crie um plano de ação para reforçar os itens das colunas A e B assinaladas. Tenho certeza de que em breve você estará colhendo ótimos resultados.
- **De 51 a 73 pontos** – Com essa pontuação você não é o último da fila, mas precisa se dedicar para se tornar o primeiro. O vendedor nunca pode se descuidar, pois deve estar sempre atento para trabalhar com mais inteligência e menos esforço. Embora você esteja em um nível aceitável, dentro do método da venda inteligente, preste atenção aos itens assinalados nas colunas A e B, e busque mudá-los, na prática, para as respostas C e D. Assim, você crescerá na carreira e terá melhores resultados.
- **De 74 a 105 pontos** – Sua atuação em vendas e seu modo de trabalho aparentam colocar seu conhecimento em prática. Tenho certeza de que isso deve estar trazendo bons resultados. Fique atento aos itens em que marcou a letra A ou B e os aprimore, para ir ao nível mais alto da pontuação. Mesmo assim, você merece meu elogio. Parabéns! Continue estudando e agindo conforme tudo o que aprende!
- **De 106 a 140 pontos** – Excelente pontuação. Meus cumprimentos! Continue com suas práticas da venda inteligente para, cada vez mais, obter melhores resultados e ter uma vida agradável, podendo desfrutá-la com seus familiares e amigos. Você merece!

Resumo da estratégia 5: treinar para transformar o que é difícil em fácil

- Aumente sua atenção ao assunto "treino" antes de vender.
- Pratique mais para facilitar o que você acha que é difícil.
- A venda é a combinação de conhecimento com experiência.
- Dicas de como treinar:
  - ✓ Simule o momento da venda no ambiente verdadeiro de trabalho.
  - ✓ Faça apresentações de vendas para amigos.
  - ✓ Grave suas reuniões de vendas e analise-as.
  - ✓ Faça visitas como cliente oculto e analise as técnicas dos vendedores.
  - ✓ Leia livros sobre vendas. Faça cursos e treinamentos.
  - ✓ Identifique suas carências e elimine-as.
- Aprimore sua comunicação, sua persuasão e seu poder de argumentação.
- Lembre-se de que as pessoas dão ênfases e significados diferentes para as palavras.
- Na comunicação, o que vale é o que a outra pessoa entendeu e não o que você disse.
- Persuasão é conseguir que a outra pessoa faça o que você quer, mostrando que será bom para ela.
- Para aumentar sua persuasão:
  - ✓ Fale com convicção.
  - ✓ Seja entusiasmado.
  - ✓ Faça perguntas inteligentes ao interlocutor.
  - ✓ Conte histórias.
- Para deixar sua argumentação mais vendedora:
  - ✓ Adapte sua linguagem a cada tipo de cliente.
  - ✓ Determine quais problemas sua argumentação se propõe a resolver ou atenuar.
  - ✓ Prepare-se para uma contra-argumentação por parte de seu cliente.
- Identifique os três pontos fundamentais que percebe ter necessidade de aprimorar. Crie um plano de treino e comece o mais depressa possível.

9. O mundo é seu limite

Se alguém é capaz de fazer algo, você também é!

Na Neurolinguística, há uma premissa que diz que se uma pessoa foi capaz de fazer algo, qualquer outra também será capaz de fazê-lo, guardadas as devidas condições físicas, de tempo e de treino.

Então, defina aonde você quer chegar com suas vendas, como quer viver sua vida e a qualidade que espera para ela. Depois disso, basta trabalhar com afinco, aplicar o método apresentado e ter persistência, acreditar em seu trabalho e usar as melhores estratégias para que você venda mais e melhor. Este é o resumo de uma das receitas para aumentar seu sucesso e vender muito mais, sem sofrer com o desgaste que comumente enfrentamos. Acredito que é possível, sim, ser cada vez mais bem-sucedido, sem que para isso seja preciso abrir mão do que realmente importa: sonhos e felicidade.

Primeiro passo: transforme seus sonhos em objetivos.

Determine quanto você quer vender e quando quer que seu sonho se realize. Coloque para si que essa é sua prioridade zero, ainda que pareça difícil de alcançar. Perceba que, caso você não atinja o objetivo no período determinado, certamente estará muito mais próximo do que se tivesse permanecido apenas no plano da ideia. Quando colocamos prazo, meta e planejamento para trabalhar juntos, os sonhos se tornam mais palpáveis.

148 O vendedor inteligente

SUCESSO

Sucesso pode ser definido apenas como êxito ou resultado feliz em alguma coisa e, tenho certeza, é o que você e todos nós queremos, sempre. Então, por que esperar mais?

Permita-me narrar, brevemente, a última história deste livro. Tenho certeza de que ela lhe trará mais algum aprendizado.

Descobri que a vida é frágil e passa muito depressa, após enfrentar uma experiência que não desejo a ninguém. Estava voltando para casa, tarde da noite, quando recebi uma ligação de um desconhecido, que informava que meu pai havia sofrido um acidente.

Fui correndo para o pronto-socorro e, após cerca de cinquenta minutos de espera, o médico me disse que meu pai havia sofrido um traumatismo craniano, estava inconsciente até aquele momento e que não sabia se ele sobreviveria.

As três longas horas que fiquei aguardando por mais notícias médicas, na recepção, fizeram-me perceber coisas de que não havia me dado conta durante a vida. Compreendi que, mesmo que usasse todo o dinheiro que já havia ganho, não conseguiria tirar meu pai daquela situação. Carros, imóveis e quaisquer outros bens materiais não teriam nenhum valor, caso meu pai morresse.

Tentei me lembrar de quando tinha sido o último abraço que havia dado nele... E não consegui. Busquei recordar quando tivemos nossa última conversa agradável e descontraída e vi que já fazia muito tempo, pois eu só pensava em trabalho. Afinal, na época, minha principal prioridade era ganhar dinheiro, a qualquer custo.

Felizmente, meu pai se recuperou, após quarenta dias de internação, e hoje aproveita ao máximo a experiência de ser avô de uma menina linda: minha filha. É claro que a partir de então passei a me comportar e a pensar de um jeito totalmente diferente.

O episódio foi, de fato, uma lição de vida, um verdadeiro marco para mim. Mudei minha forma de ver o mundo. Comecei a enxergar o mundo com outros olhos, a entender como é importante dar mais valor às pessoas que me rodeiam. Descobri como já era feliz e não percebia. Quantas coisas boas e simples que tinha e não dava o devido valor. Passei a me perguntar para que tanta correria e brigas, desgastes, preocupações, desavenças, doenças causadas pelo estresse, rancores e aquela sensação de que estava perdendo a chance de estar mais presente na vida dos que realmente eram importantes para mim? Decidi que não era aquilo o que queria. Afinal, do que adiantaria muito sucesso e dinheiro sem amigos e familiares para desfrutar?

Por isso, repito o que já escrevi antes: para que sua vida tenha sentido, é preciso que você faça com que *todo o sacrifício valha a pena.*

Todo o seu sacrifício tem de valer a pena!

A vida vale a pena quando olhamos e vemos como tudo foi importante para que chegássemos a um ponto que nos satisfaz e nos faz sentir completos. Se todos os longos anos passarem da melhor maneira possível. Para nós, vendedores, isso está atrelado a trabalhar com foco e com nossos lados emocional e profissional em equilíbrio.

E, fundamentalmente, buscando conviver com intensidade cada momento com quem você ama, tendo a felicidade como prioridade diária. Sem ficar esperando o dia e a hora em que poderá ser feliz, como muitos esperam ansiosos a *happy hour* da sexta-feira.

Todo dia e toda hora são momentos para sermos felizes.

Eis a razão pela qual resolvi escrever este livro. Para dizer que, direcionando toda a sua inteligência para reavaliar o modo de trabalho e de fazer escolhas, rever prioridades, estabelecer novos caminhos

150 O vendedor inteligente

e atalhos, ou seja, colocando o método da venda inteligente em sua vida, você certamente fará tudo valer a pena!

Então, agarre agora com mais força as rédeas de seu destino. Defina qual é seu conceito de sucesso e felicidade e torne-se fiel a ele. Para definir seus valores pessoais, considere a diferença entre riquezas absoluta e relativa. A riqueza absoluta está relacionada com patrimônios, bens, investimentos e muito dinheiro. Já a riqueza relativa é aquela na qual você possui aquilo que entende ser necessário para viver bem, com conforto e harmonia. Principalmente, é a que lhe proporciona momentos de felicidade, tempo para ir ao cinema, conversar com amigos, viajar, brincar com os filhos, fazer o que gosta ou até não fazer nada, sem ter sentimento de culpa.

A TEORIA VEM DA PRÁTICA

Muitas vezes, desisti de algo sem nem ao menos tentar. Não acreditei em técnicas e métodos que me apresentaram, porque preferi ficar onde estava com minhas convicções. Ainda bem que novas chances sempre chegam. E que bom que Deus me dá a oportunidade de, a cada dia, acordar para aprender e evoluir.

Quase todas as teorias e todos os métodos das áreas de Administração, Marketing e Vendas, escritos em livros e artigos, são antes observados e testados na prática para, somente depois, receber um nome e ser organizados como tais.

Portanto, sempre que ler uma teoria ou um método e ouvir alguém proferir uma palestra, absorva ao máximo. Desligue seus filtros críticos. Guarde o máximo que puder, pois um dia você poderá precisar. Na maioria das vezes, aquilo que você está lendo ou ouvindo é o melhor daquele autor, professor, palestrante e tantos outros especialistas. Aprender dessa experiência lhe coloca passos adiante em seu caminho, pois certamente o que está sendo apresentado já foi testado na prática e funciona muito bem.

Um ex-aluno e grande amigo me indicou um livro, que talvez você já conheça, chamado *Trabalhe quatro horas por semana*, de

Timothy Ferriss. A primeira coisa que aprendi com sua leitura foi que, antes de negar que o apresentado funciona, devo testar os métodos e as propostas, para descobrir se ele serve tão bem para mim quanto para seu criador.

Sinceramente, naquela época, não seria um livro que me interessaria em um primeiro momento. Contudo, como foi uma forte indicação, comprei-o, li e me surpreendi.

Eu não fiquei milionário – ainda –, muito menos estou trabalhando somente quatro horas por semana, como o autor. Entretanto, seu livro me trouxe novas formas de pensar e me fez passar dois meses viajando pela Europa, com minha esposa. O que nos parecia algo completamente impossível e inviável se tornou uma fantástica experiência.

A segunda grande coisa que descobri é que colocar em prática métodos já testados funciona, e muito!

Há cerca de sete anos, enquanto ainda estava no "meio da tempestade", lembro-me de que perguntei para minha esposa, durante um jantar, tarde da noite e após um dia muito cansativo, se ela conseguiria imaginar um filho com aquela rotina maluca e longa que estávamos vivendo. É óbvio que concluímos que não seria possível. Depois de anos de aprendizado e mudanças de comportamento, utilizando muitas coisas que você já leu aqui, conseguimos planejar até o mês em que a Manuela nasceria. Hoje, não conseguimos imaginar nossa rotina com ela sem utilizar o método e a essência da venda inteligente. É assim que organizamos nossa vida: de modo que tenhamos como passar, juntos, o maior tempo possível.

O caminho que apresentei é o que funcionou e continua a funcionar para mim e os que compartilham de minhas ideias. Lembre-se sempre de que:

A diferença entre as pessoas de muito sucesso e as de pouco sucesso é que as bem-sucedidas colocam em prática tudo aquilo que aprendem e fazem o que sabem que deve ser feito.

152 O vendedor inteligente

As ideias, quando transformadas em ações estratégicas, são o começo de todas as realizações.

Aplicando o método da venda inteligente, pude viajar por lugares incríveis. Conquistei sonhos de adolescente, como ir para o Havaí e para a Califórnia. Realizei outra grande vontade: surfar e velejar em Pacasmayo e Chicama, no Peru, onde a onda quebra para o lado esquerdo, a mais longa do planeta. E, para tornar ainda melhor, fiz a viagem com dois grandes amigos, um deles parceiro de surfe quando tínhamos quinze anos – depois de vinte anos sem surfar juntos, encaramos essa aventura.

O QUE MAIS VOCÊ GANHA COM ISSO?

Quando aplica o método da venda inteligente – que espero sinceramente que você já esteja pondo em prática –, mudando alguns pensamentos e comportamentos, você ganha, além de dinheiro, felicidade, equilíbrio, tempo para fazer as coisas de que gosta e, por consequência, tranquilidade.

Não conquistei somente viagens e bens materiais. Alcancei coisas sem preço, como segurança, maturidade, convicção de estar no caminho certo, mais tempo para a família, conhecimento e até evolução espiritual.

O método pode ser utilizado por inteiro ou por partes, com uma estratégia a cada momento. Poderá ser aplicado na ordem em que foi descrito ou não. É você quem decide o que precisa, a cada momento. Imagine um bufê de um restaurante. Tudo o que está lá é de excelente qualidade, você escolhe o que pretende comer e a ordem em que irá se servir. Contudo, a nutricionista do local sempre vai lhe sugerir que você coma um pouco de cada prato, pois o cardápio compõe uma refeição balanceada.

Algumas estratégias do método se relacionam com disciplina, outras com mudanças de comportamento e equilíbrio emocional. Algumas serão simples e rápidas de ser postas em prática, outras poderão demorar um pouco mais.

Assim, siga sempre as cinco estratégias da venda inteligente:

1. Adaptar-se ao que não muda. Tornar-se o mais adaptável e não o mais forte.
2. Lidar com situações de pressão.
3. Rever e planejar seu trabalho com frequência.
4. Transformar repetição de erros em novos atalhos.
5. Treinar para transformar o que é difícil em fácil.

Agora você já conheceu um novo caminho e não há mais justificativas para continuar a se desgastar sem receber o que espera – e merece.

Imagine quanto sucesso a mais ainda o aguarda. Se você já vende bem, imagine-se lapidando sua técnica, aonde poderá chegar? O sucesso e a realização estão sempre em nossas mãos.

Vamos manter o contato. Escreva-me (atendimento@ricardo lemos.com), faça perguntas, comentários e mande a descrição de seus resultados positivos, seus casos de sucesso com a aplicação do método. Se você autorizar, publicarei no site do livro, na área de casos de sucesso dos leitores. Ou comente lá, diretamente.

Um dos homens mais influentes na área de realização pessoal de todos os tempos, Napoleon Hill, motivado por Andrew Carnegie, estudou por mais de 25 anos as diferenças entre pessoas com sucesso e aquelas que fracassaram na vida. Ele entrevistou mais de 500 pessoas de muito sucesso e conviveu com personalidades como Henry Ford, Thomas Alva Edison (um dos maiores inventores do mundo) e Theodore Roosevelt (presidente dos Estados Unidos). Ele escreveu *A lei do triunfo* e o famoso livro *Quem pensa enriquece*, que venderam mais de 30 milhões de exemplares, em dezenas de países.

Hill escreveu também o texto "A filosofia do sucesso", que me motivou a escrever o texto a seguir, para encerrar o capítulo com uma mensagem forte e inspiradora:

"Você sempre será o que pensa que é. É o resultado de seus pensamentos e decisões.

Se não for determinado, alcançará pouco do que busca. Mesmo querendo vencer, pensando que não conseguirá, realmente não subirá ao pódio.

Se você fizer as coisas de qualquer jeito, seu sucesso será limitado e lento.

Sua vitória se inicia dentro de você, com sua intenção e a vontade de ganhar, com seu espírito.

Se desejar lugares mais altos, deve antes ter convicção de que conseguirá.

Quem persegue a vitória é aquele que acredita, incondicionalmente.

Se você consegue sonhar algo, conseguirá conquistar.

Mais cedo ou mais tarde será o vencedor.

Eu vencerei!"

10. Onde eu assino?

Se você tem a capacidade de sonhar algo,
é porque pode alcançar.

Nos Estados Unidos, há mais vendedores ricos do que médicos. Conheço consultores de vendas que já ganharam em uma só comissão o valor de um carro zero quilômetro. Isso significa que você atua em uma área fascinante, com muitas possibilidades.

Talvez você concorde comigo que uma das coisas mais gratificantes na venda é quando o cliente diz: "Onde eu assino?" Ou algo semelhante como "Ok, eu vou comprar!"

Após o fechamento de um excelente negócio, muitas vezes voltei de visitas de vendas, a caminho do escritório ou de casa, "nas nuvens", com o volume alto de uma boa música e as janelas abertas do carro para aumentar a sensação de liberdade – isso é muito bom. É uma sensação de dever cumprido, de esforço recompensado, de vitória. Melhor que isso é quando já volto com o cheque ou o depósito do pagamento garantido. É o gol do futebol. É o momento do grito, da felicidade, da euforia, da satisfação e da alegria! É quando o cliente valoriza nosso trabalho e nos recompensa com sua compra.

Lembre-se de alguma vez em que você fez uma boa venda, ou fechou um excelente negócio, e recebeu uma ótima comissão. Recorde-se dos detalhes e dos sentimentos que experimentou. Note aí, em seu corpo, aquele friozinho na barriga novamente, o suspense antes de o cliente perguntar: "Onde eu assino?". Depois de ouvir o "sim", você teve uma sensação de alívio, como se o peito estufasse. Foi o momento em que deu um sorriso controlado para o cliente, com um grito enorme no coração.

156 O vendedor inteligente

É excelente ser escolhido entre tantos concorrentes. E é maravilhoso escutar do cliente algo como: "Olhe, seu preço não é o melhor, mas vou comprar de sua empresa, porque você me deu muita atenção, explicou tudo o que era necessário e foi muito dedicado na negociação".

Ministrei um treinamento de alta performance em vendas, em São Paulo. Após um intervalo, perguntei para os profissionais presentes o que eles sentiam depois de fechar uma boa venda. Eis algumas das principais respostas que recebi:

- ✓ "Fico tão elétrica, que à noite demoro muito a pegar no sono."
- ✓ "Fico com um sentimento de explosão. Quando entra o próximo cliente, eu digo: 'Só um momento que estou acabando de tirar o pedido de um cliente e já vou tirar o seu, logo em seguida'. Dificilmente não fecho outra, depois de ter fechado uma boa venda antes."
- ✓ "Fico orgulhosa de mim. E penso: 'Nossa! Como eu tenho capacidade!'"
- ✓ "Fico muito motivado, porque depois de fechar uma venda percebo quanto posso ganhar mais dinheiro."
- ✓ "Vejo que há possibilidade de realizar mais."
- ✓ "Para mim, é satisfação total!"
- ✓ "Dá um alívio..."
- ✓ "Tenho um sentimento de realização e diminuem muito minhas preocupações."

AS PROPORÇÕES 5% E 95%

Comece a se lembrar das centenas de pessoas com as quais você já interagiu. Lembre-se, dentre todos os professores que já teve na vida, de quantos lhe marcaram de forma positiva e impressionante, de fato. Talvez uns três ou quatro?

Agora, pense em quantos amigos tem do tipo irmão, com quem você pode contar sempre. Aqueles que vão a sua casa abrem a geladeira e chamam sua mãe de tia. Aquele amigo que, se precisar, passa a senha da conta bancária – como já aconteceu comigo. Quantos amigos ou amigas desse tipo você tem, hoje? Uns cinco?

Lembre-se de todos os restaurantes que já frequentou e quantos foram os garçons ou garçonetes que lhe surpreenderam com um atendimento acima da média? Creio que não deu para encher uma mão.

Recorde-se dos médicos e dos dentistas que já o atenderam após um procedimento mais complexo. Quantos deles ligaram para saber como você estava no dia seguinte? Três? Quatro?

Você poderia continuar a se lembrar de inúmeras situações e pessoas que poderiam ter realmente sido excepcionais com você. Os exemplos, no entanto, são suficientes para ilustrar que, em média, só 5% das pessoas efetivamente são surpreendentes, fora do padrão, acima da média.

Ao chegar ao final do livro, você demonstrou que faz parte desse seleto grupo de profissionais que quer continuar sendo uma pessoa diferenciada e acima da média.

Desejo, sinceramente, que você continue sendo, ou se torne, essa pessoa especial, notável, por dar ao cliente muito mais do que ele espera!

Quero celebrar com você todas as conquistas que já teve e, em especial, as que virão, a partir de agora. Este é o início de uma nova fase em sua vida profissional. Para comemorar, deixo-o com uma mensagem da qual gosto muito, e que está no livro *O maior vendedor do mundo*, escrito por Og Mandino:

Cumprirei hoje os deveres de hoje. Hoje acariciarei meus filhos enquanto são jovens; amanhã eles partirão e eu também.

Hoje abraçarei minha mulher com doces beijos; amanhã ela partirá e eu também.

Hoje ajudarei um amigo em necessidade; amanhã ele não mais gritará por ajuda, nem eu ouvirei seus gritos.

Hoje me entregarei ao sacrifício e ao trabalho; amanhã não terei nada para entregar nem haverá ninguém para receber.

Viverei hoje como se fosse o último dia. E, se for, será meu maior monumento.

Farei deste o melhor dia de minha vida.

Beberei a cada minuto à sua plenitude.

Provarei seu sabor e agradecerei aos céus.

Farei valer todas as horas e negociarei cada minuto somente por alguma coisa de valor.

Farei até mais visitas do que antes.

Venderei mais mercadorias do que jamais vendi antes.

Ganharei mais ouro do que jamais ganhei antes.

Cada minuto do dia de hoje será mais frutífero do que horas do dia de ontem.

Meu último dia deve ser meu melhor dia.

Viverei hoje como se fosse meu último dia.

E, se não for, cairei de joelhos e agradecerei aos céus.

Adorei ter sua companhia até aqui! E só tenho mais uma coisa a lhe dizer:

Vá, use o método da venda inteligente, venda mais e seja mais feliz!

Ricardo Lemos

Acesse o site: http://*www.ricardolemos.com/livro*.

Lá você encontrará ainda mais material para ajudar em seu sucesso com vendas. Se tiver alguma dúvida ou sugestão, entre em contato comigo pelo e-mail: *vendedorinteligente@ricardolemos.com*.

Este livro foi impresso pela Gráfica
Assahi em papel norbrite plus 66,6 g
em maio de 2019.